【文庫クセジュ】

ローマ帝国の衰退

ジョエル・シュミット著
西村昌洋訳

白水社

目次

凡例

・訳文中、（　）［　］はすべて原文にある括弧であり、〔　〕は訳者による補い・補足である。
・また訳文に付した傍注は、断りのない限り訳者による補注である。

序文

ローマ帝国の衰退という議論の余地ある見解は、二つの有名な言葉によって長きにわたって方向づけられてきた。その第一は、一九一九年のポール・ヴァレリー『精神の危機』の一節である。「今や我々自身の文明も死すべき定めにあることを知っている」。第二は一九四七年公刊のアンドレ・ピガニオル『キリスト教帝国』の一節である。「ローマは衰退過程にあったという意見は誤りである」と明言することから著述を始めるアンドレ・ピガニオルは、「帝国国境で何世紀にもわたって文明化を遂げることなく生存することに成功していたこれらゲルマン人の無秩序な集団によってもたらされた絶え間ない戦争」をやり玉に挙げている。考古学者にして歴史家であるピガニオルによれば、ドイツの哲学者ヘルダーが言うような、野蛮人襲来の時点で帝国は既に死んでいたのであり、帝国は「力尽きた肉体、自らが流した血の中に横たわる死体」とでも呼ぶべき状態であった、という主張はあまりに安易であるという。こうしたヘルダー流の評価に対して、ピガニオルは暗黙のうちに反論しているのだ。また彼が言うには、西ローマ帝国は急激な変動によって破壊されたのでもなく、「眠りに落ちていった」のである。ピガニオルは声を大にして明言している、「ローマ文明は天寿を全うしたのではなく、暗殺されたのだ」と。

こうした見解は、それが生まれた歴史的文脈に、すなわち第一次ないし第二次世界大戦の直後という文脈に左右されたものである。両大戦とも、何にもまして、ゲルマンの侵略に特徴づけられたものだった。つまり、衰亡論も時代の産物であるなら、ローマ帝国の衰退について今日の私たちが抱くイメージは、二十世紀半ばのそれとは大いに異なって当然であろう。

参考までに、こうした説に、スターリンの死後まもなくソヴィエト連邦で公刊されたウラジーミル・ディアコフ、セルゲイ・コヴァレフ編『古代史』に見られるマルクス主義の理論に基づく説を加えることもできる。少し引用してみると、著者たちが〔ローマ〕滅亡の原因と見なしていたものは以下のとおりである。

紀元後最初の一千年紀の間に奴隷制に基づく体制の崩壊は完了した。二世紀末以降、社会が崩壊する過程は、奴隷制を支持する諸階級の軍事独裁体制、すなわちローマ帝国のために、著しく勢いを減じた。だが、奴隷、小作人、都市貧民の革命運動を容赦なく抑圧し、「野蛮人」の侵入に抵抗するため、人民諸階級の福利の全体と古代文化の成果すべてを犠牲にしたローマ帝国は、結局のところ、内部の革命勢力と外敵とを反帝国で団結させることになり、この両者はついに帝国とともに、帝国が維持してきた社会秩序そのものも清算したのである。

このような結論はまったくの作り話にすぎない。なぜなら、バガウダエの反乱のように、真の意味で帝国を脅かしたことはなかったが、それでも数世紀にもわたって継続した反乱はたしかにあったものの、奴隷の反乱自体は、実在しないわけではないとしても、きわめて散発的なものだったからである。六世紀も前の共和政ローマ時代のスパルタクスの脅威を別にすれば、野蛮人とともに皇帝や有産諸階級と戦う用意のある革命勢力など存在したことはなかった。(だが、マルクス主義は長らく、プロクルステスの寝台[1]のように、決まりきった、あるいは少なくとも不正確な信条の中に歴史を放り込み、自らの解釈の枠組みに合わせて歴史を再解釈することを自らの義務としてきたのである。)

今では、ローマであれそれ以外であれ、いかなる文明も真の意味で死ぬことはないということを誰もが知っている。文明は時代の流れの中で変容を遂げ、自らを変貌させるために本来の姿から遠ざかっていくものであり、ときとして、その制度、気風、慣習、領土に至るまでが、時を経るにつれてあまりに様相を変えてしまうために、もはや同一のそれとはわからなくなるほどの変容を遂げることもある。文明は領土併合や侵略、破壊の犠牲になることもあるし、あるいは他の民族が模倣の対象とし、モデルと

(1) 無理矢理基準に一致させる、の意。プロクルステスはギリシア神話に登場する追いはぎで、捕えた人を寝台に乗せ、寝台と同じ長さになるように、その人の足を切ったり伸ばしたりしたという。

して取り入れるつもりが、彼らに固有の気質に適合するよう結局は改変するということもある。少なくともモデル、あるいは往々にして神話〔となった文明〕は、歴史の苦難や破局を乗り越えて存続するものなのである。

速度を落としたり早めたりするこのような変異を、自分自身の転生を、ローマ帝国自体も体験してきたために、既に帝国創建後の五世紀の間に、あまりの変容ぶりによって本来の姿や本来の伝統とはもはや一致しない別物のイメージを備えるほどになり、私たちから見るともはや同一の帝国とは思われない。ところが、こうした私たちの見方、〔ある種〕近視眼的な見方は、当時の人々、つまりその時代の特徴を総括し簡約化しようとする者たちが言うところの「ローマ帝国の衰退」に直面していた人々の抱いた見方ではなかったのである。

続く行論の中で、この衰退の原因について私たちがいかに長い間盲目的であったかを目にすることになろう。十八世紀末のイギリスの歴史家エドワード・ギボンですら、記念碑的な著作『ローマ帝国衰亡史』(一七七六〜一七八八年)において、キリスト教に責任を負わせているにもかかわらず、それでもなお、衰退が生じたのは、古代ローマの諸制度の永続性から考えて、さらに一千年が経って、すなわち一四五三年のメフメト二世率いるムスリム軍によるコンスタンティノープルの陥落・占領の瞬間になってようやくなのだということを、認めるしかなかったのである。もっともこれはこれで誤った評価なのだが。

モンテスキューがギボンに与えた影響も忘れてはならない。彼のエッセイ『ローマ人盛衰原因論』は、一七三四年に刊行されている。啓蒙の世紀の自由主義思潮に属する政治思想家であるモンテスキューは、ルネサンスが、ラテンのそれであれギリシアのそれであれ、ローマ帝国のイメージを私たちに示していることを忘れているようである。ローマ帝国のイメージは、中世を通じてずっと、作家や修道士、写字生たちの集合意識と文筆活動の中では絶えず目に見えないところで広まっていたし、様々な政治的シンボルの形をとってヨーロッパの諸王国・帝国においては目に見える形で広まっていた。それは中世以後も、モンテスキュー自身の生きていた時代においても同様なのである。

それなら、ある都の、当時の世界で第一の都市の、この長きにわたった明白な崩壊の様々な原因を分析するためでないなら、なぜ衰退について語るのだろうか。その様々な遺産こそが、新しくかつ思いがけない様相のもとで「ローマが」その名前と栄光、名声を保つことを可能にした一種の生物変移の劇場、それも長い時間をかけた、目にはほとんど見えないような類の変容であったというのに、永遠でありなおかつ永遠に変わらないと思われてきたその諸遺産についてなぜ語るのだろうか。

コルネイユの同名の作品においてセルトリウスはこう言った。「ローマはもはやローマにはない、自分のいるところにあるのだ」。この反乱軍の指揮官は自分と自分の権力に関連する文脈でこう言ったのだが、古代と中世の間を通じて、ヨーロッパに存在した権力者の誰もが同じセリフを言えたであろう。かつてギリシア人がローマによって征服されたときとちょうど同じように、彼らはローマを征服する過程でローマによって征服されたのである。ラテン詩人ホラティウスの『書簡詩』の有名な一節によると、

「征服されたギリシアは獰猛な征服者を征服した」。

外見上は征服され死を迎えたローマにとっても同じことが当てはまるのを、私たちはこれから見ることになるだろう。ローマは中世ヨーロッパの形成に絶えずつきまとい、その後の世紀においても、ヨーロッパに実に生き生きとした刻印を残し、芸術、文学、法、政治制度を介して、次から次へと生き返ったといっても過言ではないだろう。

第一章　前触れ

第一節　古き良き時代

たとえ私たちがここで、ローマ帝国の衰退とは、痛ましくはあるが、ローマ史における単なる一挿話にすぎず、フェニックスが自らの灰の中から復活するように、ローマは時代を越えて再び姿を現わしたのだ、という考えに沿って詳述するとしても、本当に衰退があったことを否定するわけにはいくまい。時として行きすぎなほどの没落への恐怖は、ローマの起源そのものにまで遡るものである。この発想は帝政ローマよりも前の時代、とりわけ共和政下において、既に姿を現わしている。紀元前二世紀のローマによる一連の征服戦争が終わった後、大カトーは『農業論』において、数えきれないほどの外国出身の奴隷、とりわけ戦争捕虜の大量流入が、単一にして不可分のローマ人の純血を破壊し、将来の危険な混血を招くことによって、ローマ社会の団結を危険にさらすのではないかと警鐘を鳴らしている。ローマの古い伝統に固執する年老いたローマ人のまさに典型とみなされていた人物のこの予言は、のちになって一面では正しかったことが明らかとなる。

都ローマは、紀元後二世紀の初め、トラヤヌス帝下の絶頂期には百万の人口を数えたが、当時としては途方もないこの大人口が、ローマ市を匹敵するもののない全世界の首都に押し上げた。だがこの百万人のうち、半分は奴隷ないしつい最近解放されたばかりの解放奴隷で、大半は仕事もなく、金銭や食糧の形で国家から与えられる食糧支給《アンノーナ》に頼らざるをえなかった。その上、彼らは競技場での見世物という気晴らしを要求していた。例の「パンとサーカスを（パーネム・エト・キルケンセス）」というのは、彼らの合言葉だった。もちろん彼らは、ローマとその制度、威光、世界における名声の何たるかをまるで自覚していなかった。

暴動を避けるためには「援助」するしかない、ローマ人の気風には本来無縁のはずのこうした無為徒食の手合いに、我慢しなければならなかったのは都ローマのみではないということも言い添えておこう。帝国内の他の多くの都市も同じ問題と格闘していた。大衆《プレブス》――帝国の非特権階級全般を指す総称である――が力を増し、諸々の権利、少なくとも生存の権利を要求していたことを理解するには、帝国の東西南北至る所に建設された古代の円形闘技場の数を眺めるだけで事足りる。

他方、放牧地の拡大と大規模所領の出現の結果、農民層から遊離し監視の目を外れ極貧状態で生きることを強いられた孤立した奴隷にこれらの地所の管理を任せることをその所有者は余儀なくされた。こうした社会の最底辺に属する者たちは蜂起を説く者の声に従いやすく、前一世紀半ばのスパルタクスの時は、一時的とはいえローマにとって致命的なほどの脅威となり、クラッスス、ポンペイウス、カエサルの三人の将軍が、同調者の軍隊を募ることに成功したトラキア民族の出であるこの奴隷に対処せねばならないほどだった。この危機を克服するため、彼らは最後には反乱分子のうち五千人ほどを、アッピア街道沿いに磔の刑に処した。

したがって、ローマ帝国の「衰退」、あるいは言い換えるなら帝政期五百年の間に帝国が直面した諸々の困難は、初代皇帝のアウグストゥスの時代に端を発するものではない。それはさらに以前、少なくともローマ共和政の時代にまで遡るものなのである。

あらゆる権力は必然的に困難に直面するものであり、普通は何らかの方法で解決に尽力するし、ローマ帝国の場合も、どれだけ力が強くかつ独創的な存在だとしても、障害や悩みを免れているとみなしてはならないことも付け加えておこう。ローマはしばしば、危険が蓄積される可能性をさして自覚することもなく、暫定的な妥協や即興的な措置で満足した。ある一点に関してはそれももっともといえよう。人口の増減の面では、ローマは真の意味で脅威にさらされたことは一度もなかったのである。

このように帝国は、当時の貨幣に皇帝と結びつけられた永遠の女神アエテルニタスの像が刻まれていたことが示しているように、自らの力の永遠を確信し、見て見ぬふりを幾度となく決め込むことになろう。帝国が本来の姿を失い、ローマの名とラテン語、そしてその栄光ある過去を慰めとすることでしかその不滅の運命を信じることができないときになっても、なおこの虚構は生き続けることになる。このローマへの信念それ自体がおそらく途切れることなき連続性の理由の一つである。

第二節　帝政への移行

あらゆる文明は、誕生の時からその勢力の絶頂期を経て、やがて時代を経るにつれて衰退へと否応なく進んでゆくように思われるものである。明晰さを欠くために、あるいはより悪いことに無知のために、文明は死んだと人は結局考えてしまう。ローマ帝国も長期の内乱によって動揺したように思われるし、たしかにその痕跡は残されている。

たとえアウグストゥス帝の治世（前二七〜後一四年）が、平和と以前の政体（ローマ共和政）の旧来の慣習への回帰を謳っていたとしても、同帝の治世が模範的とは言いがたいこと、そして、その後を承《う》けたユリウス＝クラウディウス朝が、一連の政権抗争や、権力の座に就くためにはいかなる手段も辞さない皇帝家の野心的な男ないし女によって誘発された殺人の数々に特徴づけられたことには、変わりがない。アグリッピナやメッサリナのような人間は、この血にまみれた王朝の破廉恥な所業の数々を私たちに思い起こさせてくれる。この王朝のほぼすべての皇帝、なかでもとりわけネロは、権力の狂気の虜となり、数多くの暴力と残虐行為によって権力を濫用したが、これによって早くもローマ帝国は、生まれたばかりの時点で既に頽廃に陥ったかのような姿を呈したのである。

法治国家、つまり個人の恐ろしい野心に委ねられたりはしない国家としての自覚は、アントニヌス朝の誕生とともに出現した。この時代の皇帝たち、ネルウァ、トラヤヌス、ハドリアヌス、アントニヌス・ピウス、ルキウス・ウェルス、マルクス・アウレリウスらは[1]、数多の異議申し立てを呼んだ、父から子へ帝位を継承するという伝統的な方法を信用せず、各人いずれもが同輩者のなかで最良の者を後継者に選ぶことを決めたのである。かくしてローマの平和はほぼ一世紀にわたって、紀元後九六年から一八〇年までの間、維持されることになった。

第三節　最初の蛮族侵入

哲人皇帝マルクス・アウレリウスが死んだこの一八〇年は、既にローマ帝国の永続性にとっての不吉な前兆で満ちていた。というのも、クアディ族とマルコマンニ族による最初の大規模な蛮族の侵入が起こったのは、同帝の治下だったからだ。トラヤヌスがダキア（現在のルーマニア）征服をもって紀元後

（1）正確にいうと、アントニヌス朝に属するのはアントニヌス・ピウス、マルクス・アウレリウス、ルキウス・ウェルス、コンモドゥスの四人。

太字 元老院管轄属州
斜体 元老院議員を総督とする皇帝管轄属州
明朝体 プロクラトルないし騎士身分の長官によって統治される属州
イタリア内の行政区
軍管区
? 不明な境界線
■ 軍団駐屯地
○ 都市
ポタイッサ
アプルム
トロエスミス
サルミゼゲトゥサ
ドゥロストルム
ウィミナキウム
ノウァエ
モエシア・インフェリオル
トラキア
ビュザンティオン
ペリントス
ニコメディア
ビテュニア・ポントス
シノペ
トラペズス
サタラ
カッパドキア
ガラティア
アンキュラ
カイサレイア
メリテネ
サモサタ
エデッサ
ニシビス
シンガラ
メソポタミア
レサイナイ
ティグリス川
オスロエネ
キュッロス
ユーフラテス川
シュリア・コエレ
ドゥラ・エウロポス
アンティオキア
パルミュラ
エメサ
ラファナエイア
シュリア・フォイニケ
カパルコトナ
ボストラ
シュリア・パラエスティナ
アエリア・カピトリナ(イェルサレム)
アラビア
ペトラ
ニコポリス
アレクサンドリア
アイギュプトス
キュレネ
キュレナイカ
クレタ
キュプロス
パタラ
リュキア・パンフュリア
キリキア
タルソス
アシア
スミュルナ
エフェソス
ペルガモン
キュジコス
マケドニア
テッサロニケ
エペイロス
アテナイ
パトライ
アカイア

後200年頃のローマ帝国

ブリタニア・インフェリオル
エボラクム
デウァ
イスカ
ロンディニウム
ブリタニア・スペリオル
ゲルマニア・インフェリオル
ウェテラ
コロニア・アグリッピナ
ボンナ
ベルギカ
アウグスタ・トレウェロルム
モゴンティアクム
ドゥロコルトルム
アルゲントラテ
カストラ・レギナ
ラウリアクム
ウィンドボナ
ブリゲティオ
カルヌントゥム
ルグドゥネンシス
ゲルマニア・スペリオル
ラエティア
ノリクム
パンノニア・スペリオル
パンノニア・インフェリ
① アルペス・ペンニナエ
② アルペス・グライアエ
③ アルペス・コッティアエ
④ アルペス・マリティマエ
リモヌム
ルグドゥヌム
アクイタニア
ブルディガラ
アクイレイア
トランスパダナ
メディオラヌム
ダルマティア
サロナ
トゥスキア・アエミリア・リグリア
ウンブリア・ピケヌム
ナルボネンシス
アレラテ
ナルボ・マルティウス
レギオ
コルシカ
アルバヌム
ローマ
アプリア・カラブリア・ルカニア・ブルッティウム
プテオリ
ヒスパニア・キテリオル（タラコネンシス）
バルキノ
タラコ
ルシタニア
サルディニア
エメリタ
パノルムス
カタナ
シチリア
コルドゥバ
ヒスパリス
バエティカ
カルタゴ・ノウァ
ヒッポ・レギウス
カルタゴ
カエサレア
キルタ
ハドルメトゥム
ティンギス
テュスドルス
マウリタニア・カエサリエンシス
ランバエシス
アフリカ・プロコンスラリス
マウリタニア・ティンギタニア
ヌミディア
ウォルビリス
N

一世紀[2]に境界（ラテン語でリメス）と定めたにもかかわらず、その帝国北部の国境を突破しようと試みたこれらの民族は、彼らの背後にいて、東から到来し、より豊かな土地が見つけられそうな帝国の内部に定着して、遊牧の生活を放棄しようと試みていたまた別の諸民族によって、押し出されたのである。たしかにこの時点では野蛮人（ラテン語を話さないすべての民族に対してローマ人が与えた呼称である）の帝国領への大規模な流入が起こっていたわけではなく、警備を厳にするには必然的にあまりに長大すぎた国境を小規模な諸集団が越えたという程度であり、彼らは世代を経るうちにときにはローマ化するほどにまでなった。エピクテトスに着想を得た『自省録』の作者であるマルクス・アウレリウスは、野蛮人、とりわけマルコマンニ族の圧力を抑えるための遠征のさなかに、ドナウ河畔のウィーン（ウィンドボナ）でペストを患って死んだ。

この最初の「蛮族侵入」の後、これから見ることになるように、この後の時代のなかで、ますます大規模になっていく形で、多くの他の侵入が続くことになる。それらは徐々にローマ帝国を危機に陥れ、――やや性急にすぎるきらいはあるが――その衰退の原因の一つとみなされることになる。

第四節　逸脱者コンモドゥス

野蛮人を前にしたマルクス・アウレリウスの英雄的な最期も、二世紀終わりに実の息子を後継者に指名するという過ちを犯したことを免責するものではない。彼がアントニヌス朝の先代皇帝たちの例に従わなかったのは単に父としての愛情ゆえのことにすぎない。

ローマ帝国の衰退は「三世紀の危機」の時代に始まったのだとしばしば説かれてきたが、コンモドゥスの果たした有害な役割に関してはあまりに無視されてきた。彼の父親は、あまりに思いやりがありすぎて、晩年になるまで息子の欠点を完全には理解していなかったのだ。たしかに、マルクス・アウレリウスはしばしば非難されるような類の寛大さを示すことがあった。たとえば、『自省録』の中では称えている妻のファウスティナが自分を欺いてもそれを我慢し、妻の愛人が顕職に就けるよう配慮しさえしている。これは盲目のなせる業かそれともストア的克己心の故か。おそらく両方だろう。あまり明敏とはいえないこの皇帝は統治の任には向いていなかったのだ。ジュール・ロマンはこの人物の中に「善意

(2) 正確には、トラヤヌスのダキア戦争は一〇一〜一〇六年、つまり後二世紀であり、ローマ領ダキア属州の設置は一〇六年。

の皇帝」を見出していた。(3) この皇帝は、たしかに人となりは模範的だったかもしれないが、政治家としては凡庸だったのである。

マルクス・アウレリウスは、アントニヌス朝の伝統から決別する際、コンモドゥスがいかに親不孝者であるかを考慮していなかった。よくいわれるように、権力は人を狂わせるのである。少なくとも、権力はそれを行使する者を濫用の誘惑にさらす。だがコンモドゥスの場合、濫用というのでは足りない。その記憶と治世は正真正銘の犯罪行為にまみれている。意志薄弱なコンモドゥスは腐敗した宮廷の取り巻きの言いなりになり、躾の悪さもあって、ネロ以来経験したことのないような一連の動機もない残虐行為に身を委ねることで応じた。野蛮人と戦うどころか、助言役たちからの圧力を受けて彼らと交渉し、十九歳にして軍事遠征に伴う危険と不便さよりもローマでの享楽的な生活の方を好んで、自分で武器を取ることは差し控えたのである。野蛮人はこの思いがけない猶予を利用してパンノニアのドナウ沿岸属州で占領地を拡大していった。

実の姉ルキッラにより元老院議員と共謀した上で仕組まれた皇帝個人に対する暗殺の企てが失敗に終わったことが、彼をして絶えず暗殺の危険にさらされていることを自覚せしめ、元老院を不倶戴天の敵と名指しする口実を与えた。そのほとんどは嫌疑の余地もなかったにもかかわらず、彼は大勢の議員を死に追いやり、ずっと以前からローマ的な諸制度のまさに基盤であった集会を、いってみれば叩き潰したのだった。帝国の統治より乱痴気騒ぎを好んだコンモドゥスは、近衛隊の長官であるペレンニスという人物に権限を委ねたが、この男は自ら皇帝になるという野心を心中密かに抱いていた。コンモドゥスは正規軍団代表からの告発に基づきペレンニスをすんでのところで処刑させた。この過程でコンモドゥスは軍隊を政治に引き込むという危険な方途をとることになったが、この軍隊は間もなくあらゆる悪弊を招き、数十年後にはどんな歴史家も語らずに済ますことはできない三世紀の危機へ行きつくことになる。コンモドゥスは軍人の圧力の言いなりになることで、統治能力のなさを露呈し、兵士たちがその主役であると同時に主人にもなる将来の混乱の先触れとなったのだった。

実際、コンモドゥスの治世下において、兵士たちは、給料の支払いが悪い、雇用条件が悪い、訓練が苛酷である、野蛮人の脅威にさらされていると感じれば、大勢で脱走するようになった。彼らはガリアの農村地帯を荒らし、奴隷たちを慢性的な小規模反乱に駆り立て、囚人たちを解放した。このような集団の頭目となったマテルヌスなる人物は、こうした反乱分子から成る小グループに対し、キュベレの祝祭の日にローマで落ち合い、混乱に乗じてコンモドゥスに近づき暗殺しようともちかけた。だが、共謀者の一人が共犯者の名前を密告したので、この計画は大失敗に終わることになる。

軍人たちの政治的野心に直面した際の政府側の無能さを示す他のいくつかの事例は、いかに二世紀末

(3) ジュール・ロマンの作品に『善意の人々』(一九三二〜一九四六年)がある。

年が破局的な三世紀の予兆であったかを示している。この三世紀にローマ帝国は帝位要求者間のやむことなき競争によって揺さぶられ、その権威を減じさせることになる。

こうして政府側がますます能力を低下させていったことに加わったのが、軍隊が撒き散らしたペストの流行と、恵まれない者たちにとって主要な食糧だった小麦が、皇帝からの寵愛を利用したコンモドゥスの側近たちによって——フランス革命下で例の買占め人たちがしたように——独占され、人口を飢えさせる結果になったために生じた飢饉である。その結果起こった暴動は流血のうちに鎮圧され、内乱の予兆は、何も予期していなかったコンモドゥスが宴と淫行を重ねていた宮廷の門に迫るまで、ローマ市内に広まっていたように思われる。だが近衛隊の騎兵が歩兵隊と衝突し、歩兵隊は大衆の怒りに加わった。ついに事態を知ったコンモドゥスは、そのときになってようやくこの騒乱の責任者であるクレアンデル(4)の首をはねさせ、怒れる大衆をなだめた。

コンモドゥスは再び娼婦や男娼、追従者、円形闘技場での見世物の愛好家、コロッセウムの野獣狩り闘士たちを身辺に侍らせることができるようになり、自らこの流血の娯楽に出場し、数十匹のライオンを殺したというが、それほど彼の力はヘラクレスじみていた。だがまさにそのことによって、自分は帝国を統治せねばならないということを忘れていたのである。最初はそれに魅了されていた民衆も、自分たちの皇帝は権力の行使をますます放棄するようになったこと、そして彼らにとってより不運なことに、その徳によって帝国を立て直すことができたはずの人々、筆頭格の元老院議員たちを暗殺するばかりになったことを、自覚した。彼の側近、使用人、一番の愛人は、この流血好きの男を見ると恐怖を抱いた。自分たちが次の犠牲者であることがわかっていたからである。同帝に毒を盛り絞め殺したのは彼らだった。

だがなんたることか、コンモドゥスの死は何も変えなかった。その悪しき振舞いは後継者の大部分によって模倣され拍車をかけられることになる。たしかに、セプティミウス・セウェルスのような幾人かの皇帝は、勇敢に野蛮人に対抗しようと試みることになる。しかし、コンモドゥスの統治能力のなさがその原因の一つである三世紀の危機は、深刻さを増していった。

ローマ帝国を揺るがすことになるこの危機——あるいは一連の危機というべきかもしれないが——は、コンモドゥスの代わりに自分の役割が抜きんでて重要であることを自覚した傑出した皇帝が統治していたら、おそらくもっとうまく制御できたかあるいはかなりの程度解決することすらできたかもしれない。体制そのものが衰えあるいは活力を失っていくようなときには、人間の、特に皇帝の果たす役割を無視してはならないのである。帝国を衰退傾向に導いていった諸原因の中で、ローマ皇帝たち個人の責任がいかに大きなものであるかは、いくら強調してもしすぎるということはないだろう。

---

(4) 奴隷出身の元宮廷使用人、コンモドゥスの寵を得て近衛隊長官にまでのしあがる。官職売買等の腐敗を行なったという。

第二章　危機の世紀

歴史の教科書は絶えず三世紀の危機について語っている。だがそれは実際には、私たちの時代の歴史家なら非常に正確な診断を行なう術を心得ていたような、いくつもの危機が結びついたものでしかなかった。

第一節　気候上の危機

大した証拠があるわけでもないのに、気候上の危機が語られることもあった。一九一五年、アメリカの地理学者であるエルズワース・ハンティントンは『気候と文明』において、世界中で拡大した気候の乾燥によって悪影響を受けたまさにその時にローマ帝国は危機に陥り始めた、という仮説を最初に提唱した。この〔気候乾燥〕は、ローマ人と同様、自分たちを養うことのできる耕作地を持つ領土への侵略を試みていた野蛮人の間でも、食糧難を引き起こしたというのだ。

第二節　人口の危機

また、帝国がその一番の犠牲者になったという人口の危機が問題にされることもあった。住人たちが自らは絶えず危険な状態にあると感じていたほどだから、出生率の低下は周知のことだったろう、と。土地を耕したり兵士になったりすることのできる年齢の成人の数は、とりわけ彼らがどうしても必要不可欠であるようなときに、徐々に減少していった。

実際、四世紀には多くの土地、とりわけエジプト、北アフリカ、シチリアの小麦畑という、数世紀にわたってローマ人の食糧供給に最も重要な役割を果たしてきた土地が、未開墾状態に回帰したということが指摘されてきた。その上、キリスト教徒も産児制限をしなかったわけではなかろう。カイサレイアのエウセビオスが説明するには、ユダヤ人が自分たちとは逆に子沢山なのを見て、キリスト教徒はユダヤ人と混同されるのを避けるために産児制限をしたというのである。

第三節　エリートの危機

大部分は気の狂ったあるいは悪意のある皇帝の手で暗殺されたエリートたちの死は、とりわけ富裕階級や貴族階級に打撃を与えただろう。そのような目に遭った一族の数は概して多いのである。だが、どの仮説も常に証明不可能だ。専門家に従うなら、たとえ野蛮人がローマ人と混淆し、この混淆によって、誤差程度の範囲ではあれ、いくらか統計を混乱させたという想定ができるとしても、紀元後一世紀から四世紀の間にローマの人口はほとんど減少せず、帝国の人口動態は安定していたということがいえるだけである。

帝国の諸制度はその保証人であった元老院議員や高位の政務官たちがゆっくりと消滅していくことによって破壊されたのだと、ローマ人自身もやはり信じていたのだろうか。深刻な政治上の危機は、まさにその当時にあって、ローマ帝国が衰退を始める原因の一つであった可能性はあるだろう。ところが、幾人かの歴史家はそのように考えているものの、ローマ人自身は、そのエリートたちが被った明白な打撃にもかかわらず、皇帝政治の正当性を疑ったことがあるようには思われないのである。というのも、これらの犠牲になったエリートたちは、マルクス・アウレリウスが『自省録』の中で「新人」と呼んでいる人々によって取って代わられていったからである。既に共和政時代にキケロが自分のことを「新人

（ホモ・ノウス）」とみなしていたが、これはエリート層が絶えず自己刷新を行なうことができたことの証拠なのである。

帝政期のローマ人たちを逸脱させたのは自由の欠如だろうか。だがこれもまったくあたらない。なぜなら既に数世紀も前から、皇帝が全権力を掌握し属州には当地での業務を担当する人間を派遣しているため、彼らはもはや帝国中枢でもあるいは地方のレベルでも政策決定に参与していなかったからである。だが、そのことが三世紀に至るまで帝国が繁栄を続けることを妨げることはなかったのである。

第四節　国民意識の危機？

ローマの国民意識は、野蛮人の到来によって、あるいはローマに征服された諸民族の貢献によって、弱体化したと考えられてきた。そういった野蛮人たちは自分たちの慣習を保つ術を心得ており、自らのことを厳密な意味でローマ人とは感じていなかったからである、と。ところがローマの政府は、巧妙にも、自らが征服した国々の特異性に常に敬意を払ってきた。皇帝カラカラがその点を証言している。彼は二一一年に(1)、今後、帝国に住まうすべての人間はローマ市民であると宣言した。したがって全帝国民から税を徴収することが可能になるというわけである。

かつては独立していたが今ではローマの支配下にある諸民族は、互いに異なる存在であるにもかかわらず、なによりもまず自らをローマ人であると感じようとする明らかな熱望を抱いていた。その程度たるや、「ロマニア〔Romania〕」(2)という言葉が、とりわけ貨幣や文献資料の中に現われるほどである。この言葉は「ロマニテ〔Romanité〕」(3)と訳してほとんどかまわないもので、これが神格化されたのももっともである。別の時代に別の理由からなされたゴルバチョフの発言を参照するなら、ローマはまさに「共通の家」(4)であり続けたのだ。

第五節　経済・財政・貨幣上の危機

三、四世紀に猛威を振るった財政上の危機は、〔当時の人には〕事態を把握することが困難であったため、おそらく最も深刻なものである。軍隊の維持にどれだけの費用がかかったかを考えればその〔危機の〕ことを理解することができるし、貨幣の金の含有量を減らす(5)という貨幣の信用の操作や、大衆からの憎悪を招く危険を冒してまで、自身の財政危機を乗り切るためローマ国家が実行することを余儀なくされた財産没収といった方策のうちに、その〔危機の程度を〕見てとることができる。これに加わったのが、幾人かの皇帝とその宮廷の奢侈癖と、ローマ帝国が対処せねばならない問題があまりに多いためにただ自己を膨張させていくことしかできなかった、非常に費用のかさむ官僚組織である。だが、歴史家たちが時折信じてきたのとは逆に、この原因だけでは十分ではなかろう。とりわけマルクス主義を教え込まれた歴史家たちは、帝国が三世紀に被った様々な災禍の原因を説明するために、この見解に傾きがちであったが。

衰退の理由を説明することを可能にする原因のリストは、作ろうとすれば際限なく長くなるだろう。諸都市は軍人による占拠や、老朽化、保全〔にかかる費用〕などの負担を受けて徐々に姿を消していき、小規模な町や大きな村落、大規模所領などが代わりに拡大した。ところが、あらゆる「文明」は、この〔文明の〕名に値するものである限り、都市生活を拠り所とするものである。都市とはあらゆる文化が接触する中心地であるからだ。いってみればローマは都市から農地へと寒々とした後退を行なっていたのかもしれない。しかしながら、これはその歴史において何ら新奇な事態ではない。ローマ人とは農民と

(1) カラカラ勅令発布は二一一年ではなく二一二年。
(2) ローマ人の国、土地、あるいはローマ人の文明といった意味。
(3) ローマの文明、ローマの遺産といった意味。
(4) ゴルバチョフのヨーロッパ統一共同体構想のこと。ヨーロッパを共通の家とみなすもの。
(5) 三世紀に貨幣の質が落ちたのは金貨ではなく銀貨である。

歩兵から成る民族であり、農村への回帰もまた彼らの伝統の一部だからである。

同様に、それを縁取る地域〔ローマ帝国〕の威信と支配が理由で「我らが海（マレ・ノストルム）」であった地中海も、ライン川とドナウ川に沿ったより北寄りの陸上ルートが優先されたために幾分放棄されていた。このルートは当初は野蛮人を食い止めるために、そして二義的には海上ルートより時間はかかるが危険は少ない交易路として役立てるために建設されたものである。ローマ人はカルタゴ人とは違って海の民であったことは一度もなかった。共和政期に彼らを打倒することにてこずった原因はこれであり、加えてそれに成功するまでに三度もの戦争を遂行することになった。

第六節　社会・軍事・知識人の危機

衰退の諸原因のなかでも、共和政期や帝政初期に起こったのと同じように、ローマ市民団の一部の貧困化によって最富裕層は最貧困層に対してもはや連帯感を抱かなくなった、という点も明らかにされてきた。世にはびこるは自己責任である。

キリスト教徒はというと、コンスタンティヌスが三一三年に彼らの宗教の実践を認可するよりも前から（ただし国家宗教にはまだなっていない）、ストライキをし、兵役と皇帝への供犠の儀式を拒否していた。

ローマ国家に異議を唱え、天上での至福の生を送るためにローマの死と崩壊を待ち焦がれていたのは、野蛮人というよりむしろキリスト教徒だった。彼らは福音書中のイエスの格言、「カエサルのものはカエサルに[6]」を幾分容易に忘れた。これはローマ帝国の政治上の正当性を承認するやり方だったのであるが。

ローマ軍が、新たに新兵を徴募することができず、野蛮人の傭兵に頼ることも時折あり、やがて軍隊内で彼らの数は増えることになるが、彼らはさして戦う気があるわけでもなく信頼できるわけでもなかった。この軍事上の危機はのちに悪化していく一方だったが、モンテスキューにとってはこれこそが西ローマ帝国終焉の唯一の理由だった。彼は自らの著作を締めくくるにあたり、以下のような明瞭かつ力強い表現でその点を言明している。

> ローマは、次々と戦争をしてゆくことによってのみ拡大した。理解しえない幸運によって、各民族は、他の民族が滅亡した後になってから、ローマに攻撃を仕掛けたのである。ローマが滅亡したのは、すべての民族が一挙に攻撃し、いたるところに侵入してきたからである。〔モンテスキュー『ロー

---

(6) マタイ福音二二・二一等「皇帝のものは皇帝に、神のものは神に返しなさい」。

マ人盛衰原因論』田中治男・栗田伸子訳、岩波文庫、岩波書店、一九八九年、二一九頁〕

またモンテスキューは、ロシアの歴史家ミハイル・ロストフツェフ（一八七〇〜一九五二年）と同様、ローマ帝国の衰退は知的な水準にも及んだと主張することにも同意していた。だが、四世紀当時、アレクサンドリアが文芸と哲学の中心地になっていたこと、偉大な教師たちが当地で教鞭を執っていたこと、アフリカの聖アウグスティヌスのような詩人や作家、神学者たちがその時代に足跡を残したことを考えると、その考えは少しばかり危うい。これらは皆、帝国の知的な活力の証拠であり、帝国はおそらく後代の人間が考えるほどの瀕死状態ではなかったのである。この点については後の章で立ち返ることにしよう。

第七節　破局への転落？

ベルトラン・ランソンの小著『ローマ人たち』（二〇〇五年）に言及しないわけにはいくまい。彼は同書の中でローマ帝国に衰退や没落といった概念を当てはめること自体に異議を唱えている。彼はかなりの数の問題を再検討しているが、それらは今日では時代遅れであり、十九世紀のロマン主義史観や二十世紀の歴史映画が流行させたものであることを明らかにしている。実際にローマ帝国衰退の原因になったものがあるとすれば野蛮人だけであろう、と。ベルトラン・ランソン自身はまた別の原因を挙げてもいる。すなわち快楽、饗宴、オルギア[7]に没頭したローマ人の風紀の堕落である。ところが、本人が述べているように、オルギアとはバッコスのようなとりわけ東方からもたらされた特定の神々に捧げられる祭儀であり、特に没落の兆候というわけではない。

同時にランソンは、歴史家たちは往々にしてこの衰退という概念を自分たちの生きている時代と関連づけるものだという点も、的確に指摘している。『ローマの衰退』の著者であるラムジー・マクマランを例に挙げると[8]、彼はローマの政府は腐敗していたという説の信奉者であるが、実はこのイメージは二十世紀末のアメリカ合衆国の政界に対して彼が抱いていたイメージと合致している。

だがベルトラン・ランソンは、帝国衰退の原因と考えられるこれら諸要因の探求をさらにおし進めている。彼によれば、ますます全体主義的、国家管理主義的、さらには官僚制的な装いを増した帝国権力が、経済上の決定に干渉してくるために、これらがリベラリズムにとどめを刺し、結果、商取引を抑制

(7) 乱痴気騒ぎ、乱飲乱舞を伴う酒神祭のこと。
(8) Ramsay MacMullen, *Corruption and the Decline of Rome*, Yale University Press, New Haven and London, 1988.（仏訳：*Le déclin de Rome et la corruption du pouvoir*, Perrin, Paris, 2012）

したのだという。

帝国は警察国家になっていたと主張されることもあったが、これは誇張しすぎである。コンスタンティウス二世の時代、すなわちさらに一世紀後の時代においては、それはおそらく正しい。しかし警察国家的な抑圧と行きすぎはその後間もなく姿を消した。このように様々な解釈が試みられてきたものの、それらは常にそうした意見を表明する歴史家が生きているその時代に左右されるものであり、たちまちとんちんかんな説明に転じる可能性があるのだ。

第三章　脅威にさらされる帝国

第一節　東方と競合するローマ市および西方

つい先ほどその原因を列挙してきた諸々の危機は、とりわけコンモドゥスの死後、皇帝たちの無能さに起因する体制上の危機を伴っていた。だがその皇帝の民族的出自はますます多様になってもいた。それら〔民族的出自の多様さ〕によって、幾人かの頭脳明晰な皇帝のもと、ローマ帝国は衰退を食い止めることができるような、より堅固で論理的な新たな基盤を取り戻すことができたのである。

その治世は、残忍さと無能さの模範であったコンモドゥスの後を襲った後継者たちが皆軍人であったのは偶然ではない。彼らは野蛮人と戦い、その多くはアントニヌス朝最後の皇帝たち(1)の指揮のもとキャリアを重ねていた。紀元後三世紀の皇帝たちが皆東方の出身なのも偶然ではない。セプティミウス・セ

(1) アントニヌス・ピウスとマルクス・アウレリウス。

ウェルスやゲタ、ヘリオガバルス、マクリヌスのように、彼らはシリア人、アフリカ人、アジア人であり、あるいはたとえばフィリップス・アラブス〔アラビア人〕のように名前自体がその出自を想起させる場合もあった。

たしかに、ローマ人の宿敵にしてかつてアレクサンドロス大王に率いられたギリシア人が戦わねばならなかったペルシア人の後裔たるパルティア人は、帝国の東部国境を脅かしていたし、野蛮人が北方を侵略し続けているのと同じ時に〔パルティア人が〕絶えずローマ領を侵食していたが、それでも、近東の都市出身でありかつ軍人階層出でもあるローマ皇帝たちは、せいぜい侵略が差し迫ったものになったことを感じるくらいだった。

たとえ既に帝国の一体性が解体の危機に直面していたのだとしても、これらの戦争はせいぜい潜在的なもので、攻撃がますます執拗になったとしても、ローマ兵で国境線の穴埋めをしさえすればよかった。だがより悪いのはいってみれば次の点である。ローマ元老院階級の出身でもなくローマ西方の行政機構から出てきたのでもない皇帝たちの民族的出自を通して、帝国がある意味東方に傾きつつあるのがはっきりと見てとれるだろう。これは、公式的には権力の中心は原則としてローマ市にとどまっているにもかかわらず、アジアの諸都市やアレクサンドリアの利益の前にローマ市の地位が剥奪されつつあることでもある。皇帝たちは反抗的で権力を剥奪された議員たちを迫害しはしなかったが、名目上ローマ市を統治している元老院は間もなくただ皇帝の意に従うだけの記録の保管庫にすぎなくなる。

元老院議員にはローマ帝国が「オリエント化」しつつあるとの自覚があり、この変化をきわめて危険なものとみなしていた。あまりに数を増した東方の神々が行きすぎた地位を占め、土着の伝統的な神々の座を奪うのではないか、自らの文明の養土たる父祖の伝統を奪うことでローマの宗教にいくらかなりと影響を及ぼすのではないかと彼らは危惧していたのである。

第二節　東方出身の皇帝たち

ローマの伝統主義的で国家を司る機関〔元老院〕の目には、二一八〜二二二年にローマ皇帝であったシリア生まれのヘリオガバルスがエメサの巨石を崇拝したというまさにこのことこそ、正真正銘の神聖冒瀆に映った。また、彼ら〔元老院議員〕は明白な理由から、ローマの宗教、およびローマの文明を全面解体させかねないもう一つの要因であるキリスト教徒の数が最も多いのが東方であるということもまた、知らないわけではなかった。

実際、彼らは間違っていなかった。彼らは野蛮人を恐れはしてもなお自らの軍に信を置いていた一方で、彼らの精神的基盤にして人生の規範であるモース・マイヨールム、「父祖伝来の慣習」を脅かしうるものには何であれとりわけ危惧の念を抱いた。ローマ権力の逸脱と東方の諸宗教のローマへの侵入を告発するために、この慣習の守護者たちが何度元老院の議事堂内で立ち上がったことか。彼らはもはやそれらに自分たちに相応しいものを見出さなかった。それほどにそれら〔東方諸宗教〕はあまりに奇異で理解しがたくエロティックで冒瀆的であり、彼らの考えでは往々にして良俗に反するものであったのだ。最後には彼らは頽廃が衰退につながるのだと危機感を煽りだす始末だった。

三世紀の東方出身の皇帝たちもまた厳しく評価された。なぜなら彼らは、その振舞いや風変わりな信仰心に照らして、アウグストゥスやマルクス・アウレリウスのような以前のローマ皇帝たちとはもはや似ても似つかないからである。だが、とりわけこれらの皇帝たちは皆、権力を掌握するたびに、長期の内乱を引き起こし、そして今度は簒奪者たちが彼らに抵抗し彼らに代わって仮初めの帝位に就くために麾下の軍とともに蜂起した。これらの内乱は多くの都市と農村の破壊をもたらした。旅の安全はもはや確実でなく、街道沿いには旅人から金品を巻き上げるために盗賊が徒党を為したため、交易は不振に陥った。要するに、野蛮人が侵入を繰り返し、ローマ軍は、ますます必要とされていたのに、既に自分の土地を見つけて定着してしまっている野蛮人を追い返そうとする虚しい試みのために国境線を次々移動することに時間を費やすばかりで、もはや対処することができなくなっていたまさにその時に、ローマ帝国はアナーキーに陥ったように思われるのである。

第三節　東方のキリスト教徒

スケープゴートを探したのはまったく自然なことだったが、その際ローマ人は、彼らの目からすれば皇帝の神格化に異議を唱える忠実ならざる臣民、キリスト教徒を迫害した。東方で生まれ当地で発展していたこの新しい宗教の信者たちは、剣闘士となることを強制され猛獣の前に引き出された。

後世の人間からは好意的に評価されているマルクス・アウレリウス帝は、かつてはキリスト教徒、特に聖ブランディナを含むリヨンのキリスト教徒の迫害者として知られていた。彼はこのような反体制派の存在が自分の帝国にもたらす危険に気づいていたことを指摘すれば十分である。ただし、帝にとって重要だったのは彼らの宗教というより、彼の目からすればキリスト教徒が二つの大逆罪を犯している点だった。皇帝のための犠牲式を拒んだことに加えて、帝国軍で軍務に就くことを拒否したことである。

三世紀の半ば、デキウス帝は、本来皇帝たちの無能さによって生じた事態をキリストの信奉者のせいにするために、反キリスト教の措置をとった。ヴァチカンの庭園でキリスト教徒たちを火だるまにした一世紀のネロによる迫害に続く、第二のキリスト教大迫害とはこのようなものだった。だが、絶えず再生するレルナのヒュドラの四肢のごとく、キリスト教徒は自己増殖をやめなかった。いつの日か自分たちを平和な永遠の生命に導いてくれるとみなされた殉教者たちが、新たな入信者を生み出したからだ。

コルネイユが悲劇『ポリウクト』の舞台にしたのはデキウスの治世であり、作中、劇のタイトルになった登場人物は、同帝を異教の偶像の崇拝を強要する「血に飢えた猛獣」と罵倒している。その台詞の中で、ポリウクト〔ポリュエウクトス〕は熱狂的で狂信的なキリスト教の祈りに身を委ねるのである。同作はたしかに十七世紀のものであるが、これはたしかにコルネイユなりに紀元後三世紀半ばのキリスト教徒の狂信主義をかなり正確にとらえていたのだ。

　世界を征服し支配し最初の世界帝国になったと豪語したローマ帝国は、その使命に見合う器の皇帝によって統治されることがないために、至る所で分裂し自壊しつつあるようだった。デキウス以後に帝位に就いた皇帝のなかでも特に二人の人物は、帝国が被らねばならなかったこれら災禍の見本として役立てられてきた。この二人もかくもたびたび歴史家たちから告発されてきたこの衰退と無関係ではなかろう。ローマ人はおそらくその衰退をまだはっきりとは自覚していなかったが、それでも救世主のような特別な人間がいつの日か権力の手綱を握って、かくもしばしば苦難に直面したローマとその帝国とに決定的な保護をもたらしてくれるのでなければ、衰退は不可避と思われたのだ。

第四節　ウァレリアヌスとガリエヌス──二人の無能な皇帝

危機をもたらすとともにその犠牲ともなったこれら皇帝のうち、第一の者の名をウァレリアヌスという。たしかに彼は帝国さらにはローマの文明が直面していた諸々の危険の重要性を認識していたようであるが、臆病者で放蕩によって堕落した息子のガリエヌスに自分の補佐をさせるという過ちを犯した。父子は仕事を分担し、ガリエヌスは西方を、ウァレリアヌスは東方を防衛することになった。二人の治世は相次ぐ不運、災難、厄災に見舞われるばかりで、帝国全体をひどい苦境の中に陥れた。少なくとも両帝は、何よりまず外敵、すなわちフランク族、アラマンニ族、ゴート族、ペルシア人といった野蛮人と戦わねばならないことを理解はしていた。これら野蛮人は、猛烈な攻撃と、過度の流血を特徴とする占領によって、何年も前から国境防衛を破綻させていたのだ。

それでも蛮族の軍勢の方はまだ抑えることができたと思われるが、その時、アルメニアにおいて政治的であるとともに心理的なものともなる災厄が生じようとしていた。ペルシア人の王シャープールが皇帝ウァレリアヌスを捕虜にしたのである。これはローマ史でも最初の事態だった。帝国全土至る所でこの屈辱はひどい災難と受けとめられた。勝者の奴隷となったウァレリアヌスは相手をなだめようとしたが無駄だった。ペルシア人は小アジアを劫略したが、その間もウァレリアヌスに対するシャープールの非礼は増すばかりだった。嘲弄するために、シャープールはウァレリアヌスに皇帝の緋衣を着せたうえで、檻に入れてペルシア人の群衆の前にさらし、敗者に対する揶揄の言葉を浴びさせた。馬に乗るための踏み台としてウァレリアヌスを使うことすらあった。絶望のうちに死んだウァレリアヌスは、一旦死体となった後も、更なる侮辱を受け続けることになった。その死体は剥製にされ、剥いだ皮膚は赤く塗られて長らくペルシア人民の面前にさらされた。

本当にシャープールが捕虜となったウァレリアヌスをかくも邪慳に扱ったのかという点に、疑念を抱く者はしばしばいた。だがこの報は、きわめて疑わしいものであったにもかかわらず、帝国内にすぐさま広まった。皇帝がこのような、奴隷が受けるものより悪い扱いを受けたらしいという報は、なにはともあれ自身と国家の長《おさ》との間に結びつきを感じていたローマ人民の間に憤激を引き起こした。しかしながらこの怒りは、自分の身を守る術も知らず死後もなお辱められるがままであった君主に対する恨みの念に徐々に転じていった。ウァレリアヌスが犠牲となり味わった運命に関するこの恐ろしい報が伝わるに及び、ローマ人は自らを統治する者たちへの信頼を失い始めたのだった。

第五節　太陽神崇拝対キリスト教の神

ウァレリアヌスの跡を襲うことになった皇帝たちは、堕落した無能な皇帝たちに対してローマの人民が募らせていたこの軽蔑の念が意味する危険について理解していた。多くの問題点に関して、彼らは、危機の時代として知られるこの三世紀にあって、制度的でかつ独特の解決法を見つけ出そうと試みた。アウレリアヌスのような幾人かの皇帝たちは、他の皇帝より才気があり、かつ絶えず数を増やしていくキリスト教徒が帝国の気風・精神・軍事上の一体性にとってどれほど根本的な危険となっているかを察知していたので、彼らの軍隊を構成していた東方ないしトラキア出身の兵士たちの多くが崇拝していたミトラ神を借用して、このミトラ崇拝に基づく新しい宗教を広めようと試みた。

特定の一つの神を特別視するこの宗教は、牛の生贄と、小アジアではかくも好まれたフリュギア帽をかぶって牛の喉を掻き切る祭司とを特徴とする一連の秘儀を通して、キリスト教徒の唯一神との競合状態に入る運命にあった。東方が好むところだった数多くの密儀的象徴と結びついたこの牛の生贄には、ミトラ神に力を与えるという目的があった。ローマ軍も参加した祝宴の最中には光と調和の神たるアポロンが姿を現わすとみなされていた。この光と調和が戦車に乗ったこの神を天上にまでいざない、それによって会食者には来世での不滅の希望が与えられるという。

第六節　ミトラ教

インド伝来のミトラ教は、ありとあらゆる宗教を迎え入れるローマのパンテオンの中の新顔というわけではなかった。だがミトラ教は入信者にとって、終わりのない喜びに満たされた永遠の生に至らんとのキリスト教徒の希望と符合するものだった。それでも、その東方的で、すなわち有害で、かつ大方の人間にとっては理解しがたい様相のために、ミトラ教は結局は伝統に忠実なローマ人の不信をかった。

だがアウレリアヌスにとってそれは大した問題ではなかった。二七〇年から二七五年まで帝位にあったアウレリアヌスは、いってみれば、野蛮人との戦いに臨む麾下の軍から忠誠を確保し、兵士たちに来世の楽園で報われるという希望を与えることに成功したのである。他の皇帝たちも、あるいは他の戦争指揮官たちまでも、アウレリアヌスの範にならった結果、三世紀末にミトラ教崇拝は絶頂に達した。だが正直なところ、この宗教では焼け石に水だった。たとえ帝国とその兵士たちを単一の神のもとで結束させるという期待がもてるとしても、ミトラ教に帝国が直面していた問題のすべてを解決することはできなかった。同時にミトラ教は、自らが普遍宗教たることを希求するもう一つの宗教、キリスト教との競合に直面することにもなった。

伝統主義的なローマ人からは不信の目で見られていたものの、普遍主義を標榜するこの宗教はとりわけ軍人たちの間で好評を博した。そして、彼らこそが帝国防衛の任を任されている以上、この点こそが肝心であった。だが、ソル・インウィクトゥス、「不敗の太陽神」を全帝国の至高神として崇拝することを宣言したことで、アウレリアヌスはさらにそれを推し進め、せいぜい軍人の宗教でしかなかったミトラ教の限界を突破した。アウレリアヌスは巧妙にも冬至の日、すなわちキリスト教徒がキリストの生誕を祝う十二月二十五日を、不敗の太陽神の誕生する日としたのである。

キリスト教が帝国の一体性にとって危険であることに懸念を抱いていた点で、アウレリアヌスの傑出した洞察力を称えることもできるだろう。その洞察力は、アウレリアヌスが前任者たちのようにキリストの信奉者たちを迫害するだけに甘んじるのではなく（この政策は一度も成功を見なかった）、死後も生前同様に神からの好意に与ることができると異教徒に説くキリスト教徒と同一のグラウンドに身を置くことによって、一種の宗教上の反撃作戦、まさに対抗宗教改革とでも呼べるような手段に訴えようとした点によく現われている。

第七節　ローマは永遠か？

したがって、少なくとも皇帝の一人はローマが危機に瀕していることを自覚していたと考えてよいだろう。にもかかわらず、このアウレリアヌスにしても、ローマはもしかすると永遠ではないかもしれないなどとは一度たりとも考えなかった。永遠の都ローマ、それは全ての皇帝にとって自明の理であり、ローマも滅ぶかもしれないなどとは彼らの誰一人考えもしなかった。三世紀の皇帝にとって、ローマはたしかに脅威にさらされていたが、その歴史を通じてローマは何度も似たような脅威に直面してきた。たとえば紀元前三世紀、もう少しで世界の首都を手中にするところだったのに、進路を変えカプアの贅沢に溺れたハンニバルの例などが想起された。さらに時代を遡って、紀元前三八九年、ブレンヌス率いるガリア人にローマが占領・蹂躙されたことを思い出したり、紀元前一世紀のスパルタクスの反乱に言及することもできた。だが、ローマは常にこうした脅威から立ち直ってきたのだから、ローマが本当に滅亡するなど想像もつかないことのように思われたのだ。ときとして様々な危機がローマを脅かしたが、せいぜいその場しのぎの対策で十分と考える程度だった。帝国指導層はそれで乗り切れると信じて疑わなかったのだ。

ローマの永遠に対するこの絶対的な信頼は心理的次元における危険な思い違いとなるおそれがあった

のはたしかである。だが、この種の現実逃避はむしろ有益なものですらあった。というのも、帝国のために戦うローマ人たちは神々の加護によって自分たちがこの戦いに勝利することを確信していたからである。

第八節　テトラルキアの幸運と不運

だがそれでも、ローマ人のなかでも最も明晰な者たちは、多くの危機が同時に起こったことで帝国はぐらついているとみていた。とりわけ皇帝ディオクレティアヌスは、二八四年、聡明かつ論理的な実験を試みようとしていた。帝国を四つの地域に分割し、各地域一つにつき一人の皇帝が統治の任に当たるというもので、重要なのは皇帝各人を守護神に結びつけることだった。かくして生み出されたのがテトラルキア〔四帝統治体制〕であり、ヴェネツィアのサン・マルコ大聖堂の一角に据えられた閃緑岩製の(2)テトラルキア皇帝像にこの体制の印象的なイメージを見てとることができる。四人の皇帝は協調と合意の

(2) 原文では diorite（閃緑岩）とあるが、porphyre（斑岩）の間違いだろう。

しるしとして互いの肩を取り合い一団となった姿で描かれている。では彼らはローマ帝国を没落から救い出すことができたのだろうか。

皇帝が死ぬか退位したときに嫉妬が表面化するとか、先帝の息子がすぐさま自分こそ帝位の後継者であると考えるとかいった可能性は考慮されていなかった。そのような事態が発生した場合、アナーキーは悪化する一方だろう。ディオクレティアヌス（二四四〜三一一年）は、居を構えたニコメディア市の壁にキリスト教徒迫害令を四度貼り出すというとりわけ恐ろしい牽制策を試みた。ディオクレティアヌスが全帝国に布告したこの勅令には、ローマが持つもののなかで最も古く最も伝統的なもの、すなわちローマの宗教を攻撃するこの敵たちに特に厳格に対処せよとの残りの皇帝たちに対する命令が伴っていた。ディオクレティアヌスの目には、宗教こそが危機に瀕した社会的団結を守る最後の防壁に見えたのだ。

この迫害はさらにもう一度多くの異教徒の改宗を助長したため失敗に終わった。ローマ人は、公式の宗教を特に信仰心をもって実践していたわけではないが、規律ある官吏のような態度で実践していたため——これは遠い過去の時代から彼らに受け継がれてきた習慣である——、それだけにいっそうこの新しい宗教が迫害にもかかわらず不屈の熱情のようなものを呼び起こすことに気がついた。ディオクレティアヌスにはその点を理解できるだけの知性があったため、新たな勅令により三〇五年に迫害を中断させた。テトラルキアの共治帝たちは常にディオクレティアヌスの方針に従ったわけではなく、その一人ガレリウスは三一一年、死の直前になってようやく譲歩した。

キリスト教はまだ支配的な宗教ではなかったとしても、その拡大は否応なく進んでいた。それはつまり、帝国内の多様な住人たちの間に調和と一体の感覚を醸成する役割を担ってきた異教とその神々が少しずつ力を衰えさせたということだった。

ふらつきつつあるローマの国力を立て直すための最も創意に富んだ解決策のように思われたテトラルキアは、互いを妬み合い、退位する時がきてもそれを拒む皇帝たちの間でのアナーキーと争いの新たな源となってしまった。落胆したディオクレティアヌスは退位し、スプリト(スポレート)[3]の宮殿に隠棲したのち三一一年に同地で没した。[4]

テトラルキアには二つの欠点があった。帝国を分割することで官僚機構を肥大化させるとともに意思決定にかかる時間を増加させたのである。テトラルキアは、ローマ人すべてにとって永遠性の保証だった神聖不可侵の国土の一体性に終止符を打った。かくしてひびの入った帝国で東半部と西半部は互いに距離を置くようになり、東側に拠点を構えた皇帝たちは西方の皇帝の権威にますます挑みかかるようになった。

(3) スポレートSpolèteと書いてあるが、スポレートはイタリアの町なのでSpalatoスパラートの間違いだろう。

(4) ディオクレティアヌスの退位は三〇五年であり、コンスタンティヌスの登位が三〇六年、マクセンティウスの登位に伴う内乱の発生とテトラルキア解体開始は三〇七年である。

帝国を四つの地域に分割したことは必然的に税負担を増大させた。四つに分かたれた中央政府からの不完全な監督のもと、各都市、各地域は、自分の利益のためなら惜しみなく金《かね》を費やす地方有力者の手に握られ、住民一般を搾取し慢性的な反抗を引き起こすことになった。人頭税、そしてとりわけ地租が、最貧層の農民を破滅させた。

今まさに始まった四世紀という時代は、テトラルキアの失敗の後、ローマの終わりの始まりとなるのであろうか。この時代の同時代人たちは私たちの時代の歴史家たちとまったく同様、そのような考えを抱かなかったし、打ちのめされ、自己を刷新する能力を持たないかのように見えたローマが、むしろこの時代にとりわけ芸術、文学、建築、政策の面で幸先の良い復興の時代を経験したことを喜んで指摘しようとさえしてきたのである。

たしかにテトラルキアは失敗に帰した実験ではあったが、それ以後の皇帝たちに大きな影響を与えるものともなった。テトラルキアとは正反対のことをしようとした者もいれば、それを模倣しようとした者もいた。そしてなかには、遠い昔からつい最近までその真価を発揮してきた古来の伝統に回帰することで、永久に失ってしまったかのように思われていた躍動と成長を、帝国に取り戻させようとした者もいたのである。

第四章　新しいローマ

第一節　コンスタンティヌス帝とコンスタンティノープル創建

コンスタンティヌスはテトラルキア体制を激しく攻撃しなければならなかった。テトラルキア皇帝の一人である父コンスタンティウス・クロルスは、西方を治めつつ帝国の一体性を取り戻したいと願っていたのだが、その息子であるコンスタンティヌスは、別のテトラルキア皇帝マクシミアヌスの息子マクセンティウスと対立した。それ以来、二人の帝位要求者の間での戦いは不可避であったが、その代償にこの戦いは、一時的に帝国を弱体化させ野蛮人への注意を怠らせることになった。野蛮人は思いもよらず猶予が与えられたのを見てとると、やがてこれを帝国領に侵入する好機ととらえ、戦闘もなしに帝国内に領地を手に入れた。

ガリアを発ったコンスタンティヌスは、マクシミアヌスの領地であったイタリア[1]に攻め込んだ。今後は異教に代わってローマ帝国を一つにまとめる役割を果たすことになるキリスト教が、自分にとってどれほど有益なものかを、この時コンスタンティヌスは理解した。まだ実際にはキリスト教に改宗してい

[図1]クリスモン

なかった三一三年[2]、ローマ市近郊、テヴェレ河畔にてマクセンティウスとの決戦に臨もうとしていたとき、コンスタンティヌスは吉兆を告げる幻視を得た。メシアの十字架をかたどったキリスト教の一種のロゴマークである「クリスモン〔chrismon〕」〔図1〕と呼ばれるシンボルの姿が雲と霧の向こうから空に浮かび上がったのである。

このクリスモンには、「このしるしによりて汝勝て（Hoc signo vinces）」との空にはっきりと書かれたスローガンが伴っていた。コンスタンティヌスはこれをお告げととり、神が自分を守ってくださるのだと考えた。これ以後、この宗教的なしるしはコンスタンティヌス麾下の軍であることの目印として軍団兵の兜に刻み込まれることになる。この加護のもと、コンスタンティヌスの兵はミルウィウス橋でマクセンティウスの軍勢を撃破し、マクセンティウスはテヴェレ川で溺死した。コンスタンティヌスは、ローマ帝国の首都からは今まで認められてこなかった自分の帝位を認めさせる目的で、ローマ市を占領した。そのため、この都の住人に対する抑圧はきわめて穏便なものにとどまった。全般的な恩赦が直ちに宣言された。コンスタンティヌスは元老院議員たち、古い呼び方にならえば「パトレス・コンスクリプティ[3]」、に挨拶をするために元老院へ赴いた。コンスタンティヌスは議員たちに元老院への忠誠と敬意を約束し、騒乱と三世紀の危機のさなかに幾分消失してしまっていた威信と権利を元老院に取り戻させると請け合った。

コンスタンティヌスは、これまで皇帝の擁立・廃位を我がものとしてきた近衛隊の持つ並外れた権力にも終止符を打った。コンスタンティヌスはたとえローマ市に住んではいなくても、勝利の記念日を同市で祝うために二度にわたって戻ってきた。一度目は即位十年目であり、二度目は即位二十周年の際である。コンスタンティヌスは、首都であるローマ市が自分の勝利の証人となることで帝国全土もまた自らの勝利の証言者となることを望んだのである。ニコメディアから戻ってきたコンスタンティヌスは、こうしたセレモニーの壮大さに感銘を受け喜びに沸いた群衆から迎えられた。だが、コンスタンティヌスは遠征に出ることが多く特に帝国の東方を絶えず移動していたため、後にビザンツ帝国の首都となるもう一つの都コンスタンティノープル（三三〇年落成）を創建することを思いついた。ボスポラス海峡に面した例外的かつ戦略的な地勢ゆえに、帝国を防衛すると同時に、海上交通網のおかげで異民族との交易を繁盛させることも可能になるだろうと計算してのことだった。

かくして、レヴァントに位置する一都市に首都の座を奪われることをかくも恐れてきたローマ市は、敗北を認めるしかなかった。とはいっても、ローマ市は帝国の首都という公式の肩書を失ったわけではな

（1）コンスタンティヌスのイタリア遠征の時点でマクシミアヌスは既に自殺しているので、マクセンティウスの領土とすべきでは？
（2）ミルウィウス橋の戦いは三一三年ではなく三一二年。
（3）patres conscripti、直訳すると「登録された父たち」。

かった。コンスタンティヌスはローマ市の自尊心を傷つけないよう配慮してコンスタンティノープルのことを「第二の」あるいは「新しいローマ」と呼んだ。たとえいくつかの名称を変えたとしても、コンスタンティヌスはローマの行政機構とその中で働く者たちが現状を維持できるよう十分に心がけていた。コンスル、道長官、ローマとコンスタンティノープルの都市長官、軍の指揮官、貴族階級出身の高官たち。あたかも何も変化せず、ただローマ帝国には西方と東方に二つの首都があるだけであるかのように。

三一三年、ミラノ勅令と呼ばれるコンスタンティヌスの勅令によってキリスト教はローマ帝国内における地位を承認されることになったが、異教徒にも彼らの祭儀を実行し続けることを許すかなり多くの権利が残されていた。皇帝リキニウスはこの寛容勅令を拒み、コンスタンティヌスと対決した。敗北し殺されたのはリキニウスだった。この時点でコンスタンティヌスは帝国の単独統治者となり、東方とコンスタンティノープルに向けて徐々に帝国の重心を傾けていくことになる。ローマ帝国の復興が最も力強く最も明白に感じ取れるのはこの東方とコンスタンティノープルである。

第二節　伝統的な体制の復興?

時を同じくして、四世紀には、瀕死の状態だと思われていた帝国から、突然、あらゆる領域において一種の「ルネサンス」とでも呼ぶべき状態が生じることになった。この現象に歴史家たちはかなり注目してきたのだが、この「ルネサンス」は少なくとも五十年は続いた。ローマは光の真っ只中に戻ってきたのである。だがこれはいわゆる「死に際の輝き」、あるいは歴史家のベルナール・ランソン(4)が述べたように、「ローマ帝国の小春日和」なのではないかと考える向きもあろう。

しかし、この時期のローマ帝国に対し、立ち直りようのないほどの衰退からはかけ離れた状態にあるものとして、より肯定的なやり方でアプローチすることで、ローマ帝国崩壊の記憶に絶望の涙を添えることにはやりがちなヨーロッパ・ロマン主義の主題の一つに身を委ねることなく、資料作成者や同時代人たちについて私たちが調査することもまた可能になるわけである。そこで本書では、ローマとその帝国が静けさと繁栄を取り戻したこの祝福された時代について、可能な限り客観的な方法で分析してみよう。

最も悲観的な見方をする者たちのなかでも特に、獰猛で髭や髪をぼうぼうにはやした野蛮人たちの絶え間のない動きに飲み込まれ窒息させられた帝国、という戯画的な光景を常に描いてきた十九世紀の歴史家たちには異議を唱えることが望ましい。ディオクレティアヌスが再編し兵員を増強した軍は、これら野蛮人の襲撃を阻止する、あるいは少なくとも帝国にさしたる損害を与えることなく野蛮人を同化さ

---

(4) ベルトランの間違いだろう。

せることを可能にした。四世紀末と五世紀になるまでローマ人が野蛮人を前に大敗北を喫したことは一度もなかった。アンミアヌス・マルケリヌスが書いているように、ローマ軍には帝国領に不法に入植した野蛮人の村々を丸ごと殺戮してまわることができたし、ゲルマン人の居住者がこれに対し目立った反撃をすることもなかった。ローマ帝国は軍の兵員を増やすために百年以上前から多くの野蛮人を兵士として徴募していたが、この蛮族出のローマ兵が裏切ることはきわめて稀であり、彼らは他の野蛮人に対して勇敢に戦い、ローマ帝国の制度に則って統治される領域を防衛した。彼らはローマの制度に完璧に同化したし、ローマも彼らを住まわせ養ったのである。

第三節　新しい文芸

アレクサンドリア学派のおかげで新たな興隆を見たギリシア哲学は、三世紀の皇帝たちが実践したあまりに放任主義すぎる道徳とはまったく別の道徳を広めた。この哲学は風紀における節度を強く説いたのである。他方、キリスト教徒も節制と肉体的・精神的規律の模範である修道制を発案した。金銭欲と遊蕩の中で浮かれ騒ぐ生活を続けることができたのは少数の上流階級の人間だけだった。ローマ人は、自分たちが体験した時代の災厄にあまりに心を奪われて、アウグストゥス治下の帝政初期、あるいは優に一千年も前の共和政初期に見られたような、社会上および私生活上の振舞いにおける節度と中庸を心がける態度に回帰した。

この時期の文芸は、頽廃期のそれとみなす者もいたが、その実、変容を遂げたのである。それは古典期のリアリズムを捨て、ビザンツ芸術を予示する新しい規範に順応した。それを示すのは、たとえば、ローマ市、コンセルヴァトーリ宮殿の中庭に展示されているコンスタンティヌスの巨像に彫刻された、大きな目と超然とした面持ちを湛えた容貌である〔図2〕。これと類似した表現は、六世紀のものである、ラヴェンナ、サン・ヴィターレ聖堂のモザイク画に描かれたユスティニアヌスとテオドラの姿に見出すことができる〔図3〕。芸術という面ではギリシア人の模倣に終始してきたローマが、後の中世人やなかんずくスラヴ人がインスピレーションを得ることになる新芸術を独力で生み出したのだった。

文芸の世界には教師と弟子の姿が再び見られるようになったが、それは自分たちの集団内に修辞学者や文法教師、ソフィストを数えるようになった教会による教育のおかげであった。そうした人間〔キリスト教徒文人〕の一人であるラクタンティウスは、かつてはキリスト教徒への迫害に苦しまねばならなかったが、年老いてからコンスタンティヌスによって息子クリスプスの教育係に任じられた。

もう一人の高名な文法教師がアレクサンドリアのアポリナリス[5]である。彼はベリュトスで教鞭を執っていたが、三二五年に三位一体の教義を定めたニカイア公会議の直前に、かつてエウセビオスやアナトリオスを教師として迎えたことのある重要な知的中心地であるラオディケイアへ移った。アポリナリス

[図2] 皇帝コンスタンティヌスの巨像の頭部（カピトリーノ美術館コンセルヴァトーリ宮殿、ローマ、イタリア）© iStockphoto.com/Lovattpics

[図3] テオドラと宮廷の貴顕たち（サン・ヴィターレ聖堂のモザイク画、ラヴェンナ、イタリア）© iStockphoto.com/ilbusca

は息子〔ラオディケイアのアポリナリス〕同様に司祭に叙階されたが、異教徒のソフィスト、エピファニオスが異教の神バッコスへの賛歌を作ったときですら、この人物の施す教育そのものに関してはアポリナリスは何の懸念も示さなかったのである。四世紀初めの時点では、異教徒の知識人とキリスト教徒の知識人の間ではかなりの寛容さが見られたといってよい。

他にはカッパドキアのカイサレイアで教鞭を執った教師も数多いが、そうした者たちの一人に大バシレイオスがいる。大バシレイオスは黒海近くに移り住んだ古いキリスト教徒の一家の出で、ディオクレティアヌス治下にこの一族の者の多くが迫害に遭った。四世紀の間、大バシレイオスと同名の息子〔カイサレイアのバシレイオス〕は特に躊躇することもなく異教徒に修辞学を教えていた。

また別の修辞学者へケボリオスはキリスト教徒ではあるが、皇帝ユリアヌスに直接修辞学の教育を施し、同帝が帝国に異教の再導入を図ったときには異教の神々への崇拝を受け容れた。

アテナイも古代世界屈指の大学町としての名声を取り戻し、アルメニア人のプロハイレシオスのような最も高名な修辞学の教師たちが同市につどった。プロハイレシオスは、若い頃は貧窮に苦しんだものの、自らの才能と教養を活かして栄達を遂げる術を心得ていた。彼の弁論術の腕は歴史にその名を残す

(5) 大アポリナリスのこと。皇帝ユリアヌスがキリスト教徒に異教の著作の教授を禁じた際、同名の息子とともに聖書をギリシア語の韻文で書き改めることで代わりの教材にしようとしたことで知られる人物。

ほどのものであった。ある日、彼は先ほど行なったばかりの長い即興演説を一言一句違わずに復唱してみせて、タキュグラフォスと呼ばれた当時の速記係（現代の速記者の原型である）を大いに驚かせ、その記憶力の程を証明してみせた。プロハイレシオスにとってはアテナイが栄誉の頂点だったかもしれないが、その偉業は帝国中に知れ渡ることになった。ローマ市も後に、「世界の女王たるローマが雄弁の王に捧ぐ」との銘を帯びた青銅像を彼に捧げたのである。「世界の女王たるローマ」という表現に注意しておこう。この表現は無邪気なものではないのである。

多くの歴史家とその読者が衰退の真っ只中にあるものとみなしてきた四世紀半ば頃のローマ市では、マリウス・ウィクトリヌスというまた別の有名な修辞学教師が、大勢の学生たちを相手に教鞭を執っていた。元は異教徒だったこの人物は後にキリスト教への改宗を決意することになる。

こういった教師たちは皆、ローマ市や小アジア、アンティオキア、アレクサンドリアなどにある帝国でも屈指の学校で世俗的な文芸の教授に携わった。彼らには野蛮人の侵略に怯えているような様子がまるでないことも見てとれるだろう。むしろ彼らはこれ〔侵略〕を直ちに抑え込むことのできる小規模な襲撃程度に思っていたのである。

他のキリスト教徒の教育者たちは教父学を教え、議論の的となっている神学上の問題について弟子とともに議論した。現在の大学に見られる学部らしきものは厳密には存在していなかったが、学究活動を行なう集団は帝国中に散らばっており、いくつかの大都市は知の拠点として名声を博していた。

アステリオスのようなアリウス派異端を広める遍歴教師も存在していた。[6] アリウス派異端は近東の諸教会に属する野蛮人からは高く評価されたのである。その上、ニカイア公会議はアステリオスが放浪しながら布教を続けるのを防げなかった。たとえローマ帝国が惨禍に巻き込まれて交通路が破壊されるかあるいは安全が保障されなくなったとしても、こうした学校や遍歴教師たちなら規模を拡大することもどこかへ移動することもできたとは考えられないだろうか。

将来の皇帝ユリアヌスの教師を一時期務めていたアエティオスという人物は、弁証法と神学を学ぶ前は金細工師をしていた。だがこうした学問の分野においては、名だたる論争家たちを相手に容易に渡り合い論破することができた。医学を学ぶためにアレクサンドリアにも赴いたが、後にアンティオキアに落ち着き、この地で三段論法の専門家の一人となった。アエティオスがどのような議論をしたのかは残された四十四篇の引用からうかがい知れるが、その学問上の精巧さにはただ驚くしかない。[7]

(6) カッパドキアのアステリオス(ソフィストのアステリオスとも)。ニカイア公会議直後に、子は父に従属するという従属説の立場を説く著作を著したとされる。

(7) アンティオキアのアエティオスのこと。のちにエウノミオス派として知られることになる異端派の教説を主張したエウノミオスの師。彼の著作はサラミスのエピファニオス『パナリオン』中に引用されて残っており(LXXVI, 11)、生み落されたものは神たりえないとする論証を行なっているが、残された引用は四十四篇ではなく四十七篇のはずである。

将来の皇帝ユリアヌスにはもう一人、師と呼べる人物がいた。カッパドキアのゲオルギオスである。この人物の所有する書庫は見事なものであり、ここでユリアヌスは読書と書写に没頭し教養を磨くことができた。

こういった学者たちは皆がキリスト教徒というには程遠かったが、教会はそれを気にしていなかったようである。そうした事例のすべてを列挙することはとてもできないが、一例としてドナトゥスを挙げてみよう。(8) ローマ市で教鞭を執り、聖ヒエロニュムスが師と仰いだこの人物は、純然たる異教徒の修辞学者だったのだ。このような相互に対する寛容の雰囲気は、歴史家たちが二十世紀になってようやく認識したこの知的ルネサンスを促しこそすれ、妨げることはなかったのである。

この点についてはリバニオスがとりわけよい例である。異教徒であるにもかかわらず、リバニオスの講義にはあらゆるキリスト教徒の若者がつどった。リバニオスが教鞭を執ったアンティオキアには十万を下らぬ信者がいたといわれている。

こうした人々は歴史にその名を残したのであり、そのこと自体、一見するとこの時代は困難に見舞われていたように思われるにもかかわらず、彼らの集合的な記憶が世代を越えて受け継がれたことを証明している。だがこれで全員だろうか。

異教の教養文化はあらゆるキリスト教徒の教師に対してきわめて重要な影響を及ぼしている。たとえば、一般的にいって四世紀という時代は新プラトン主義に色濃く影響されている。当時の新プラトン主義を形作ったのはイアンブリコス（二五〇年頃～三三〇年頃）と、聖アウグスティヌスも敬意を払ったプロティノス（二〇五～二七〇年）である。ナジアンゾスの聖グレゴリオス（三二九～三九〇年）も異教徒の師であるバシレイオスに並々ならぬ敬意を払い、その博学を称えた。キリスト教徒の知識人たちは古典的・異教的な教養を通して知性を磨いたのであり、聖ヒエロニュムスはキケロを何度も読み返し、聖アンブロシウスも文体、比喩、定型表現といったあらゆる面において詩人ウェルギリウスを模倣している。もしローマ帝国が本当に衰退しつつあったのなら、その文芸がコンスタンティヌスやユリアヌスの周りに集まった偉大な教師たちに対して常に変わらぬ影響力を発揮し続けたなどと信じられるだろうか。帝国の目前にまで迫ってきた野蛮人のせいで古代の教養文化が忘れ去られたなどと、どうしていえるだろう。

ローマ帝国は存続したのであり、専ら国境地帯でしか生じていなかった脅威にはあまり悩まされていなかったようである。帝国の周辺を揺さぶった慢性的な戦争も、文化や学問、芸術が広まるのを妨げなかったし、もし帝国が滅亡の危機にさらされていたのなら、そもそもそのような文化上の発展は不可能だったろう。

（8）アエリウス・ドナトゥス。文法書の執筆者、句読法の提案者として知られる。

第四節　異教への回帰

キリスト教徒の存在にもかかわらず、異教的なギリシア - ローマ文化が根強い力を保ち帝国内部で拡大を続けているのを見てとったユリアヌスは、三五八年にルテティアで権力の座に就くと、[9] キリスト教の教義によく通じていたにもかかわらず、異教を復興させることを決意した。そもそも異教はこの時点では完全に消滅したとはおよそいえない状態だった。ユリアヌスの考えでは、ローマ帝国にいくらか衰退の徴候が見られるようになった原因の一つは、異教を蔑ろにしたことだった。ユリアヌスの目からすれば、異教は野蛮人を前にしたローマ社会に団結と統一をもたらす力だった。野蛮人はキリスト教化されてはいたがアリウス派異端を採用していた。このアリウス派は三二五年のニカイア公会議で採択された信条に反対し、子なる神、すなわちキリストは、本質において父なる神に劣ると主張した。この異端は宗教的な混乱を増大させただけだった。生真面目な人間であるユリアヌスは、かくも長きにわたって帝国が被ってきた多くの厄災は、もしかすると不遜にも人間たちから蔑ろにされた古き神々の復讐なのではないかと自問したのである。

ギボンが「異教の対抗宗教改革」と呼んだこの宗教革命の名にふさわしい現象は、ユリアヌスにとっては、これまでローマの栄光を保証してきた厳格な古来の気風への復帰の試みでもあった。この実現のため、ユリアヌスは宮廷の様々な儀礼から過度な豪奢を取り除こうとした。ユリアヌス自身、私生活においても公的な面においても、質素を心がけた。帝は見世物競技をまったく好まなかったし、見世物の場に姿を現わすこともごく稀だった。その代わりに、ユリアヌスはエレウシスの秘儀に入信した。

ユリアヌスの改革は経済にも関わるものだったが、はたしてそれは帝国を救うことができたのだろうか。というのも、皇帝ユリアヌスは暴力行為を避けるため、当初はキリスト教徒の迫害を意図していなかったからである。むしろ彼は異教徒・キリスト教徒間の寛容を命じた。この点に関してユリアヌスは実に首尾一貫している。だがそれでも、国家機構上層部のキリスト教徒の数を考えると、ユリアヌスは時として彼らを侮辱することを我慢することができなかった。最終的にユリアヌスはキリスト教徒の存在を我慢することがもはやできなくなり、キリスト教徒がコンスタンティヌスの時代以来獲得してきた特権を奪うことで彼らを迫害したのである。

そのためキリスト教徒は、この復興しつつある異教が新たな国家宗教になるのではないかと恐れ、抵抗を始めた。もしユリアヌスが三六三年にペルシア戦争のさなかに死んでいなければ、そしてもしその後継帝ヨウィアヌスがキリスト教会を完全復権させていなければ、異教徒とキリスト教徒との間で内戦

(9) 副帝になったのは三五五年、パリで蜂起したのは三六〇年のはずだが。

が勃発していた可能性もある。

かくも長きにわたりローマを守護しその威光の保証人ですらあった古《いにしえ》の神々を崇拝することで、ローマに新たな活力を取り戻させようというこの報われなかった試みは、おそらく夢物語であった。だが少なくともこの夢物語は熱意を欠いていたわけではないし、まして明晰さを欠いていたのでもなかった。ユリアヌスは何かが衰退していることを認識したのであり、自らが反動主義の皇帝となることで不可能事に敢えて踏み切ったのである。だがこの反動主義との形容句もユリアヌスにとって不名誉とはならないであろう。ユリアヌスはただその挑戦に失敗したのである。いずれにせよこの企ては勇ましいものではあったのだ。

第五節　国家宗教キリスト教

ユリアヌスに続く皇帝たちの一人、テオドシウス帝はこの政策とは正反対のことを行なった。テオドシウスは帝国においてキリスト教徒が優位に立つことを異論の余地なく明確に示し、三七九年(10)にはキリスト教を国家宗教にまでした。これはコンスタンティヌスですら敢えて下そうとしなかった決断である。だが時代は今や変わったのであり、五十年の間にキリスト教徒の数はかつてないほどに増加していた。

ユリアヌスの挫折はキリスト教徒の野心と教会のヒエラルキーを逆に強化しさえした。かつて迫害される側だったキリスト教徒は、今や異教徒とその神殿を攻撃する迫害者となった。

ユリアヌスとは逆に、テオドシウスの治世は、帝国があらゆる方面から、とりわけゴート族から、包囲されるという全般的な逆境に直面していたにもかかわらず、奢侈と贅沢を旨とするものになった。当時、ローマ軍全体において相当な広がりをもつ軍事危機が表面化していた。ローマの正規軍団兵は規律を欠き、しばしば命令系統から孤立し、売却するためだとか着用するには重すぎるとかいった理由で鎧兜を、しまいには伝統的な武装をも捨て、尚武の気風を失っていった。一体誰のために、何のために戦うというのか。そんな彼らが相手にしていたのは、かくも脆弱な兵士たち相手ならいくらでも戦うという野蛮人だった。四世紀初頭の小康状態の後、ローマ帝国軍は、同世紀末には、まったくの解体状態にあった。

しかしながら、テオドシウスは蒐集家としての使命を果たさんとの高邁な理想を抱いた。その証が『テオドシウス法典』であり[11]、これは彼の統治下にある全地域で適用され、帝国東半であれ西半であれ、共

(10) 三八〇年の間違いでは?

(11)『テオドシウス法典』の編纂は四二九〜四三八年、つまりテオドシウス一世(三七九〜三九五年)ではなくテオドシウス二世の時代(四〇八〜四五〇年)である。

通の法によって帝国の一体性を強化するものだった。これは、中世のその他法典のように、後の時代の諸法典にとってモデルとして機能することになる。

異教の終焉は前代未聞の事態だった。世界史上初めて一つの宗教が完全に消滅したのである。それは、アレクサンドリアのセラピス神殿破壊と、古代異教文化の最後の牙城だったアレクサンドリア図書館の略奪と荒廃によって象徴的にしるしづけられている。特にこの場合、キリスト教当局は、かつて異教の官憲がキリスト教徒に対して行なったのと同様に、異教とその最も異論の余地なき象徴を標的にするという、目には目を式の方法を採用したのだった。わずか数年でローマ帝国は、優に千年以上の歴史を持つ文化的・宗教的な規範のすべてを失ったかのように思われた。そしてテオドシウスが没したころには、ゴート族、西ゴート族、ヴァンダル族による五世紀の大侵入がまさに始まろうとしており、これ以後ローマは、以前の時代に見たような野蛮人の小規模集団による土地占拠とはもはや似ても似つかぬ致命的な民族移動の大波に震撼する羽目になった。だが、彼らの攻撃に直面してなお、帝国とその首都ローマは持ちこたえた。

五世紀初め、テオドシウスの息子ホノリウスが西帝国を、その兄アルカディウスが東帝国を治めていたころのローマ市の日常生活を、非常に鋭敏な目をもってあたかも偉大な報道記者のように描写したのがアンミアヌス・マルケリヌスである。(12) アンミアヌスからは、ローマ市が今なお繁栄し古来の慣習に忠実であったことが確認できる。同市の最富裕層はいまだ消滅していなかった。たとえますます自己中心的になることで解体の度を強める社会に対しこの歴史家が懸念を抱いていることが読み取れるとしても、アンミアヌスが描くのは完全に凋落した帝国の姿ではない（天《あめ》が下に新しきものなし、である）。アンミアヌスの筆致のうち強調しておくべきなのは以下の一節である。誇張を用いることの少ない歴史家の発言だけに見過ごすわけにはいかない。

そもそもの初め、世の光輝となるべく、人ある限り生き永らえるであろうローマが起ち上がったとき、堂々の成長が遂げられるようにと、恒久平和の約を徳の女神と運の女神が取り結んだ……。〔アンミアヌス・マルケリヌス『ローマ帝政の歴史　一：ユリアヌス登場』山沢孝至訳、西洋古典叢書、京都大学学術出版会、二〇一七年、二四頁〕

アンミアヌスはたしかに数行にわたってローマの歴史を物語るのだが、すぐさま五世紀初頭のローマ市の批判に移る。同市の貴顕たちは厚顔無恥な主人に成り下がっていたようであり、己の富と高慢さをひけらかし、贅沢な饗宴に耽り、窮乏する一方の社会の貧困層を軽蔑していた。このような社会的な亀

(12) アンミアヌスが執筆していたのはテオドシウス一世の治世、つまり彼が描写しているのは四世紀末年のローマ市では？

裂はアンミアヌス・マルケリヌスにとって耐えがたいもののように思われたのだが、それが衰退の原因になるとは決して言わないのである。ローマ史を通じて一体幾度金持ちがそのようなやり方で自らの財産をひけらかしてきただろうか。実際、アンミアヌスはあらゆる不安を鎮めるために、この運の女神と徳の女神の恒久平和に誰もが立ち返るよう求めているのである。

コンスタンティノープルに宮廷を構えるアルカディウスの方でも、自らをローマ人の皇帝と名乗ったし、皇帝の称号の中にも、以前の皇帝たち全員がそうしたように、カエサルとアウグストゥスの名を含めた。自分が相続した権限がこの二人の偉大なローマ人以来連綿と受け継がれてきたものであることを示すためである。これは現実逃避だろうか。おそらくそうではない。たとえ帝国最上層の人々であっても、おそらく誰一人として、ローマ帝国は死んだなどと発言する責を負うことはできなかっただろう。なぜなら、それを知ること、あるいはそれを目撃することすら、不可能だったからだ。各地の都市が被った破壊やいくつかの農村地帯で生じた荒廃は、一つの文明を消し去るには不十分だったのだ。近年では第二次世界大戦がそうした例である。大戦が引き起こした破壊はローマ帝国下で起こったものよりはるかに甚大で、かつより短い期間の間に生じたが、それでもヨーロッパの諸文明とその故地に終止符を打つことはなかったのである。

ペルシア人の王宮と壮麗さを競ったコンスタンティノープルの宮殿の中で、宝石をちりばめた衣装に身を包んだ皇帝アルカディウスの姿を人々が目にしていたときに、一体どうすれば帝国に自らの終焉を意識することができただろうか。誰が見ても、富とは衰退というよりむしろ繁栄の証ではないか。

第六節　ローマ市劫掠――とどめの一撃？

西ゴート族の王アラリックは四一〇年、ローマ市の包囲に着手し、自らの軍をもって同市を略奪した。紀元前三八九年のガリア人ブレンヌス以来初めて、都ローマは三度の包囲攻撃の後に占領され略奪された。今度こそ、もはや問題なのはローマの衰退ではなく崩壊であるとの考えに多くの人が傾くのも自然である。

歴史家のアンドレ・シャスタニョルが一九七六年の『ローマ帝国の終焉[13]』において表明しているのはまさにこうした考え方である。何のためらいもなく彼はこう書いている。

四〇八年以後、荒廃と人口減少、自閉症、住民側からの古代的な生活様式の突然のないし漸進的な

(13) 原文では『ローマ帝国の終焉』(*La Fin de l'Empire romain*) になっているが、正しい書題は『古代世界の終焉』(*La Fin du monde antique*) である。

放棄、こうした事態に各地域を導くようなプロセスの中に、西帝国の全体が落ち込んでいたと考えられる。

これと正反対の意見として、ポール・ヴェーヌの見解に言及しないわけにはいかない。『ギリシア-ローマ帝国』（二〇〇五年）において、ヴェーヌはたしかに帝国西半がもはや止めようがないほど崩壊したことを認めているが、いってみれば、当時の西帝国の状態からでも、ローマとその帝国は立ち直る手段を見つけることができた可能性も否定はできない、という説を非常に独創的なやり方で提起しているのである。

ディオクレティアヌスとコンスタンティヌスによって再建された四世紀の帝国は以前と変わらず強固なものだった(14)。帝国西半分の崩壊は、様々な要因が致命的な形で連鎖したことに起因する、予測不可能な出来事だった。それは教訓になるような単一の大きな原因によるのではないし、歴史の一大教訓を与えるものでもない。これは数えきれないほど多くの原因によって引き起こされた偶発的なプロセスだったのだ。［……］後の時代から見れば世界史上の一大事件に見える事柄に対して、何が歴史を動かしたのか、そしてそこからどんな偉大な教訓を引き出すことができるのかが手っ取り早く示されることを期待して、安易に単純な説明を求めるようなことをしてはならない。西ローーマ帝国の崩壊は予想外の出来事であり、一つ一つは小さなものにすぎない数多の原因や状況が雪だるま式に膨れ上がっていった結果なのである。

なんであれ、〔ローマ市略奪の時点で〕衰退の徴候がないこと（結局のところ、もしかすると私たち自身の文明も今まさに死に絶えつつあるのに、そのことに私たちが気づいていないのかもしれないのである。もしかすると歴史家が結論を出すためには二千年待つ必要があるのかもしれない）、そしてこの出来事に対して歴史家たちが相矛盾する立場を取っていることを考えると、ポール・ヴェーヌの判断が最も興味深いのはたしかである。五世紀の同時代人の頭の中では、ローマは不滅の都市として残存したのであり、それが死ぬなどとは想像もつかないことのように思われたのだ。ローマ市のことを指して用いられ続けた「永遠の都」という表現は、当時にあっては、冗談でも皮肉でもなかったのである。

そのことも、皇帝ホノリウスがローマ市(15)を去り、地勢と地の利から、より守りに適していると判断し

(14) この一文は原文でイタリック強調。原文に以下の脚注が付されている。「こう述べているにもかかわらず、ポール・ヴェーヌのローマ帝国衰退に関する悲観的な結論には一切の変更がないという点で、この重要な一文は強調しておこう。」

(15) ローマ市ではなくミラノでは？

たラヴェンナに宮廷を移すのを妨げられなかった。だがそれでもホノリウスは常に自らを西ローマ帝国の長《おさ》と考えていたのである。

第七節　野蛮人ローマを救う

ポール・ヴェーヌがやはり『ギリシア‐ローマ帝国』の中で述べているように、

西ゴート族は、帝国の北部諸属州を侵略したあらゆる野蛮人と同様のことを行なった。彼らはローマ国家の枠組みを温存し、キリスト教の福音書の言語であるラテン語を採用した。そして、カエサルのものはカエサルにという、教会と国家の混同を避けるというキリスト教の原則をも採用したのである。

アッタルスをまずローマ都市長官に、次いで皇帝に任命したのはゴート族だったが、こうすることで彼らは都のなかの都の統治が存続することを保証した。ギボンによれば、アッタルスは、「元老院の集会を召集し、並居る議員らを前に一場の改まった美文調の演説をして、帝国(16)の威厳を旧に服し、かつエジプト及び東帝国に属する各属州も、かつてはローマの主権を承認していたのだから、これらを帝国に併合する決意である旨を揚言した[17]」。だがアッタルスは臨時の皇帝にすぎないということがすぐに明らかになった。アッタルスは自分を皇帝にした当のゴート族から退位させられ、ゴート族はホノリウスと同盟を結んだ後、アッタルスから皇帝権力の徽章を剝ぎ取り、それをホノリウスの方に与えた。今や皇帝を立てるも廃するもローマ化した野蛮人の意のままとなったのだ。たしかに、ローマ市の略奪も、その際に犯された殺人も、捕虜とされたローマ人たちも、ブレンヌスが引き起こした破壊とは比較にならない。少なくとも歴史家たちはそう主張している。これは真実だろうか、それとも何かの〔体のいい〕筋書きだろうか。だがそんなことは大した問題ではない。なぜなら、この四一〇年以降も、失血状態のローマ市も、四肢を引き裂かれたその帝国も、住人たちの集合的な記憶の中では存続し続けたように思われるからだ。彼らにとっては、ローマ市劫掠の目撃者の間ですらそうだったように、帝国は落ちぶれてなどいなかったし、常に栄光の絶頂にあるものだったのである。これは精神錯乱だろうか。それとも

(16) 原文では la république（共和政、公共の事柄の意）となっており、以下のような脚注が付いている。「レース・プーブリカ、すなわち「公共の事柄」とは〔国家を指すものとして〕帝政期になっても用いられ続けた一種の慣用的表現である。」

(17) エドワード・ギボン『ローマ帝国衰亡史』（ちくま学芸文庫）五巻、朱牟田夏雄訳、筑摩書房、一九九六年、五四〜五五頁。

自覚的な現実逃避だろうか。これら目撃者たちは、自らが明白な証人であることを認めたくないのだろうか。ローマの滅亡が現に起こったと公に言ってしまえば本当にローマにとどめを刺してしまうことになると、盲目的に信じ込んでいたのだろうか。実際には逆で、ローマの名声を謳いあげることはローマが致命的な崩壊に至らないようにする方途であるにすぎなかったのだ。それは、いわば、ローマをいつか死ぬ運命にある文明の域から解脱させ、決して滅ぶことのない神話の域にまで高めることだったのである。

第八節　実体から神話へ

ローマ帝国は異教を憎みその上に野蛮人を降りかからせた神の摂理の介在によって滅びた、というその結論にもかかわらず、ボシュエは彼の同時代人皆と同様にこの神話に対して忠実だった。ボシュエの見解によると、ローマ史は今の時代を理解するためには避けて通れない道だった。そもそもラテン語は、まるで第二の母語のように生まれの良いフランス人なら誰もが知らなければならないものではないか。自らが家庭教師を務める王太子《グラン・ドーファン》ルイに宛てた『世界史叙説』の中でボシュエはこう述べている。

私たちは、ついにこの世のあらゆる帝国を飲み込んだこの偉大な帝国について語るところまで至りました。私たちが住まうこの世界に存在する強大な王国はいずれもこの帝国に端を発し、その法は今なお私たちのもとで尊重されているのですから、この帝国のことは他のどの帝国よりもよく知っていなければなりません。おわかりのとおり、私はローマ帝国のことをいっているのです。

その章の末尾でボシュエはこう付け加えている。「ローマの命運はロムルスからシャルルマーニュに至るまで受け継がれたのです」。モーの鷲〔と呼ばれたボシュエ〕にとっては、キリスト教が世界支配を打ち立てた以上、キリスト教こそ、形は違えど、ローマ帝国の継承者だったのである。ボシュエはローマ帝国が衰退したことを認めてはいたが、消滅したとは思っていなかったのだ。

その証拠には、ガリア人のルティリウス・ナマティアヌスの『故郷への帰還について』に言及すれば十分だろう。この史料をぜひとも引用する必要があるのは、現代にまで伝わっている古代末期の著作のなかで、この作品のある部分が不滅のローマという信条について伝えている最初の例だからである。ルティリウスは皇帝ホノリウスのもとでローマ都市長官を務めているため、四一〇年の惨禍の目撃者ということになる。それにもかかわらず、その七年後、ガリアへ戻るためにこの首都を去ろうとしているまさにそのとき、その詩の中では西ゴート族の存在をほのめかすことがほとんどないし、そもそもアラリックによる劫掠に触れることもない。この詩に見出すことができるのは、せいぜい、西ローマ帝国に限っても法的にはもはや帝国の首都とすら呼べなくなった、都のなかの都の不滅にして揺らぐことなき栄光に捧げられた熱狂的賛歌といったところだ。ルティリウス・ナマティアヌスは歴史家ではなく詩人として言葉を綴っているのであり、詩人にとってはどれほど度を超した幻想であっても禁じ手にならないし、詩人の言葉自体がいつの間にか現実に取って代わってしまうこともありうる。

私が自分の故郷へと戻るのをかくも遅らせたことにあなたがたは驚いておられる。ですが、私がためらいもなくすぐさまローマを離れたとしたら、そちらのほうにこそ驚くでしょう。大体、かくも快適で魅惑的な滞在先に飽きることなどできましょうか。変わることなき幸福、終わりのない、何によっても妨げられることのない喜びから、敢えて身を引き離すことなどどうしてできましょうか。この都で生を受けた者のなんと幸運なことか。高貴な素性にローマで生まれたという得がたい特権を加えられる者は幸いだ。神々はあらゆる才能、あらゆる徳をかき集めるのをお好みだ。その設置場所にこれ以上のところがどこにあろう。ローマ人のものとなった都市で生を受けた者も、神の寵愛という点では劣るが、やはり幸運だ。元老院はこうした異邦の誉れを迎え入れるのを己が務めとし、ローマ市民であるに値する者は皆ローマ市民とみなした。その責務と威厳に与ることを許されたなら、その者が全世界の人々とともに自らの女主人たるローマに対し払う敬意はローマ人たる己自身に対する敬意ともなるのだ。

この詩の最初の部分を読むとたしかにまるで夢の中にいるかのような気分になるし、楽園のようなローマの描写は場違いとの感を抱かせる。その続きの箇所も、アラリックによる劫掠より一世紀も前の、帝国の全住民にローマ市民権を与えた二一一年のカラカラ勅令(18)についての注釈であるにすぎない。また、心の底から異教に対して愛着を持っているこの時代の詩人には共通して見られる傾向だが、一種のアナクロニズムがあることにも気づくだろう。この詩人は異教の神々に呼びかけているが、その異教の神々はこの時よりかなり以前にテオドシウスによって追い払われ、その神殿も徹底的に破壊されたのだから。その息子のホノリウスも、詩人自身、高官となって仕えた相手とはいえ、キリスト教徒だったのである。

一般に言われているように、これに続く箇所も、西ゴート族がローマの地を踏み荒らし、ほとんど荒廃し打ち捨てられたような状態にした後となっては、この楽園としてのローマ像をますます歪んだものにしてしまっているのは否めない。注釈者は言う、夢は悪夢に転ずるだろう、と。ところが、思い違いをしているのは私たちなのだ。ルティリウス・ナマティアヌスは、野蛮人がアウレリア街道に出没し通行不能にしてしまっている事実をほのめかしているにもかかわらず、さらに大げさな言い方でローマを

(18) カラカラ勅令は二一二年発布。

称賛し続ける。〔ルティリウスはアウレリア街道封鎖の事実に〕たしかに動揺した。だがこの詩の続きに目を通してみると、陸路が危ないならと、作者が不承不承ながらも海路で出発しようとしているくだりで、この不安もすぐに霧散していることがわかる。

私はローマの門に幾度も口づけをした。望まぬままに立ち去ろうとしているこの神聖な都に、私は自らの愛惜と涙と誓いを捧げた。そして、涙にたびたび遮られつつも、こう語りかけた。

「世界の女王、星々の上に座す神よ、我が声に耳を傾けたまえ。人間と神々の母、神殿を通じて我々を天に近づける者よ、我が声に耳を傾けたまえ。私が歌うのはあなたへの賛歌、運命の女神が私の寿命の糸を紡ぐ限り、この賛歌をとめはすまい。その思い出を失うのは、死する時のみ〔……〕。あなたの恩恵は太陽の光のように、大洋に囲まれた地の果てまでも及ぶ。その運行が全世界を抱擁する星〔太陽〕も、ただあなたのために回るのだ。〔太陽は〕あなたの帝国から昇り、あなたの海へと沈むのです〔……〕。あなたの法のもと、世界の全民族が同じ一つの祖国を共有します。野蛮人までも、武器によって屈服させられたことを幸運に思うほどです。征服された者に征服者の特権を与えることで、あなたは全世界をただ一つの都へと変えてしまったのです。」

換言すれば、ローマ帝国は征服地の原住民と外からやって来てその地を占拠した人々との統合に成功したのである。

おお、神聖なるローマよ、戦勝者としてその面《おもて》を上げるがいい。老いてなお雄々しくたくましいその白髪を月桂樹で飾るがいい。居並ぶ塔こそ我が冠とばかり高らかにふりかざせ。あなたの黄金の盾もてきらめく光を放て。今しがたの敗北の記憶を消し去るのだ。悲嘆をものともせぬことで傷をふさげ。あなたは戦に敗れこそすれ、勇気も希望も失ってはいない。願わくば敗北からもなにがしかを勝ち取らんことを［……］。あなたの法は世の終わりに至るまで全世界の運命を定めるだろう。あなただけは運命の女神のはさみを免れています。その齢は千二百歳に及ばんとしているとはいえ、あなたの寿命は天地のそれに匹敵するでしょう。他の帝国を滅ぼすものであっても、あなたの帝国にとっては守りの助けとなります。あなたは逆境の中から新たに生まれ変わるのだと、世の人はのちに語ることでありましょう……。

しかもこの詩は、帝国がローマの敵の富を奪い取り、しかもその敵が今度はローマのために働くことを祈願する――そしてその点に何ら疑念を持たない――という代物なのである。

たしかにルティリウス・ナマティアヌスは、ローマは千二百年存続した後に滅ぶであろうという異教の予言にここで触れているし、それだけでなく野蛮人にも言及している。だがこれらすべては、危険をローマとその帝国の利益に変えるためなのである。ルティリウスの目からすれば、ローマは常に勝利してきた。敗北ですらやがて勝利に変えるのである。このようなレトリックをもってすれば、そしてそのレトリックは間違いなく本気なのだが、ローマは無敵なのである。

ルティリウス・ナマティアヌスの『故郷への帰還について』は、ローマ帝国は不滅でありローマは永遠の存続を定められたのだという神話の出発点をしるしづけている。彼は帝国が衰退したという考えを完膚なきまでに叩き壊しているのであり、まして崩壊したなどとは認めたりしない。そして堂々たる論証を通じてこのような考え方を詩的ユートピアの限界にまで高めるのである。

だが、四三九年のガイセリック率いるヴァンダル族によるカルタゴ奪取に至っては、ついに転機が訪れ、ローマ帝国の決定的崩壊が始まったように思えよう。カルタゴは、同時代人の与えた「アフリカのローマ」という称号にふさわしい、ローマ帝国の誇る宝玉の一つであったのだから。当地の貴族層と元老院議員たちにローマ市やイタリア、東帝国への亡命を余儀なくさせた、征服者のカルタゴへの扱い方こそ、終わりの始まりであったと思えよう。だがそうではなかった。数年後の、アッティラとフン族によるイタリアおよびガリア占拠に至ってもそうではない。

たしかにローマとその帝国は、その地に住まう人間から見れば、もはや夢、ユートピア、虚構、神話にすぎないものに急速になっていったといえるだろう。だが、私たちの知っているように、まさにこの〔神話という〕形において、ローマは不滅であり、しかも無敵でもあるのである。ローマは、世界の「語る記憶〔mémoire récitante〕」とでも呼べる領域の中に入ったのだ。理屈や証拠で神話に反論することはできない。この後も一千年以上の長きにわたって、ローマはモデルとしての役割を果たし続けることになる。ローマ帝国は神話の領域に入ったのである。

第九節　マヨリアヌス帝の即位

皇帝たちですら、実際の情勢について最もよく情報を得ているにもかかわらず、ローマ帝国が破滅に向かいつつあるとはまったく自覚していなかった。たとえその理由が、自分たちはローマ帝国を現に統治しており、ローマの制度は常に稼働状態にあるから、というだけであるとしても。かくして、西ローマ皇帝マヨリアヌスは（これが彼の公式の肩書である）、四五七年の即位時に、帝国政府が避難先にしていたラヴェンナで緋衣を受け、ギボンによれば、紀元後二世紀初頭、ローマの平和真っ盛りの時代の皇帝トラヤヌスでも否定しなかったであろう内容の書簡を、元老院に送ったのである。マヨリアヌスは、かくのごとき鼓舞に似つかわしいあらゆる形式を守っている。

元老院議員たちよ、汝らの選択と、この世で最も強力な軍の意志とが、余を皇帝とした。恵み深き神の加護と思し召しにより、余の施政が汝らと民衆を益するものとならんことを。［……］それゆえ、汝らは自らが選んだ元首を助け、汝らが余に定めた務めに自らも与るべし。余が汝らの手より受けた帝国が、我らの協働によりて幸運に恵まれんことを。我らの施政のもと、正義が古《いにしえ》の力を取り戻し、徳が純潔と称賛に立ち返るよう、しかと心せよ。

これより少し前、クレルモンの詩人にして司教であるシドニウス・アポリナリス（四三〇〜四八六年）が、慣例にならい、マヨリアヌスへの頌辞を発表しているが、この作品もルティリウス・ナマティアヌスの詩と同様にローマとその帝国への愛に燃え立っている。たしかにこれは式典用の言説であり、〔発表の場が要求する〕規範とレトリックに従ったものである。だがシドニウス・アポリナリスは、詩人とはいえ、それでも明晰さを保っている。本人曰く勝利の兆し明らかなマヨリアヌスの治世を謳いあげているとき、シドニウスは自分の発言を自分でも信じており、ローマとその皇帝の威厳に敏感で、その興奮が生き生きとしたものであることが感じ取れる。彼はそれを、当時においては規範上必須だった仰々しい文体を用いて行なっているのだが、彼の語り口には懸念が感じられない。皇帝マヨリアヌスを主《あるじ》とするこの永遠のローマについて語るときの彼に嘘偽りはない。本来は韻文で書かれたその導入部に耳を傾けてみよう。

戦勝者よ、陛下が戦車に騎乗されるとき、古来の習わしに従い、攻城冠、破堡冠、市民冠が神聖なる陛下の頭髪を飾るとき[19]、カピトリウムの黄金の頂が〔征服され捕縛された異国の〕王たちの一団を目にするとき、陛下がローマを戦利品で飾られるとき、［……］そのときには私自らが、耳をつんざかんばかりの喚声をあげる群衆の山をかき分けて、陛下の先導を務めましょう。そして、陛下がなにより私の〔頌辞の題材にする〕ためにアフリカの略奪者たちを征服され、かつアルプスとシュルティス[20]、広大な海と海峡を二度にわたって服従させたことを、今とまったく同様に、この非才の歌で称えましょう。だが、今、陛下は我らに向き直り、今度は穏やかな視線を不運な市民らに注がれた。おお、なんという喜びの兆しか。

ローマは破滅に向かいつつあるという可能性をほんのわずかでも考えたことがあるのなら、シドニウス・アポリナリスほどの見識ある人間がかくも詩情豊かにマヨリアヌスへの頌辞を発表することができ

(19)「攻城冠（corona muralis）」、敵の城に最初に乗り込んだ兵士に与えられる栄誉の冠。「破堡冠（corona vallaris）」、敵の堡塁を最初に突破した兵士に与えられる冠。「市民冠（corona civica）」、味方の兵士の命を救った兵士に与えられる冠。いずれも戦闘で褒章に値する行為を行なった兵士に与えられる名誉の冠。

(20) カルタゴからキュレネにかけて沿岸に存在する浅瀬、航海の難所。

ただろうか。
五世紀半ばにあって皇帝マヨリアヌスは滅びた都に君臨していたわけではない。公共建築物は消滅しておらず、神殿は屹立しており、数多くの書物を所蔵した図書館も残っていた。ただローマ人はそれらを放棄し、困ったことに古代の建造物を〔建築用の資材を入手する〕採石場の代わりにしてしまうまでになっていたのである。マヨリアヌスはこの種の無秩序を終わらせようとした。マヨリアヌスは、ローマ古代の遺跡を破壊することで利益を得ようとするような行為を不法に許可する政務官に、罰金を科している。彼は見せしめに以下のような処罰を規定した。すなわち、政務官の命令に従わない者は、両手を切断の上、鞭打つべし。

マヨリアヌスは、野蛮人の群れを避けて人口が減少していたローマ市に人を呼び込もうともした。出生率を上げるため、処女に対し四十歳になるまで修道女になることを禁止したり、寡婦には再婚を要求した。

マヨリアヌスが時代の要請をいかによく把握していたかをこれらの改革案は証明しているが、結局彼も陰謀の犠牲となり、退位を余儀なくされた。その五日後、彼は不可解な状況の中で死亡した。パトリキウス[21]の称号を持つ、陰謀に関与したリキメルが、その代わりに支配権を握った。

ローマの没落に向き合う決心がつかないでいるように思われるこのシドニウス・アポリナリスという人物は何者なのか。彼はラテンの教養に陶冶された作家であり、クレルモンの司教である。ローマ市劫掠の五十年後、司教になる前の彼は、ローマ都市長官を務めていたことから、四六七年には自身都ローマに滞在していた。すなわち、マヨリアヌスの即位から十年後、そして最後の西ローマ皇帝ロムルス・アウグストゥルスの廃位より九年前のことである。この時点においてなお、〔ガリア〕道長官を務めた人物を父に持つシドニウス・アポリナリスは、ローマを破滅した都とはまったく思っていないようであり、書簡の中では、彼の目からすれば不滅のものであるその歴史に賛辞を送りながら、追従めいたほのめかしを用いつつローマに敬意を表している。かくして、パトリキウスであるリキメルの結婚のために催された祝宴のためにローマ市へ赴いたシドニウスは、あたかも帝政初期の姿と変わらぬままであるかのような、成長真っ盛りの生き生きとした都の姿を描いているのである。

> まさに私がこの行列を率いていくそのとき、劇場、市場、法廷、公共の場、神殿、体育訓練場、至る所でフェスケンニアの賛歌[22]が響き渡るのです。その見返りに、仕事も勉学もすべてが見合わせられ、法廷は沈黙し、使節の派遣は延期され、あらゆる企み事も中断されるのです。

---

(21) 後期ローマ帝国の高位高官に与えられた上位の名誉称号。
(22) ローマ人が結婚式の際に歌ったという、卑猥な文句を含む歌。

これよりさらに十二年前、すなわち四五五年、マヨリアヌスの権力掌握より二年前にも、シドニウスは、ローマ市で皇帝に宣せられ、たったの二年しか帝位にとどまれなかった彼の義父にあたる人物、アウィトゥスに対し頌辞を捧げたことがあった。この時のシドニウスは、ローマが敵の手で傷を負わされたことを認めている〔、だが〕

同様に、逆境の後にローマの輝きはよみがえるのです。敗北してなお力を増すことを生まれたときより運命づけられていたこの都は、コンスルたる皇帝のもと、遅滞なく立ち直ることでしょう。

シドニウスは、自身司教であるにもかかわらず、あらゆる異教の神々に訴えかけている。彼はウェルギリウスやオウィディウスからお気に入りの古典詩の文体を借用しながら、形ばかりに加護をアウィトゥスに与えてくれるよう異教の神々に懇願しているのである。また、一二年後に繰り返すことになる、ローマ滅亡の予言に言及することも忘れてはいない。迷信深い人々によると、各一羽が一世紀を表している十二羽の禿鷹がその先触れであるという。だがここで、先ほど労苦に打ちのめされた老人の姿で登場したばかりのローマに向かって、ユピテルが語りかける。紀元前三八九年、ガリア人ブレンヌスに市を占領されたことや、ハンニバルがローマの市門に迫ったことを想起させた後、ユピテルは決して絶望したりせぬようにとローマを励まして、こう宣言する。「重くなった目を上げよ、心にのしかかる夜を打ち払え。お前が征服されるなど奇異なこと、お前の方が再び征服者となるのならうなずけようが」。そしてユピテルが言うには、それはアウィトゥスのおかげであり、アウィトゥスは、武勇を誇るアルウェルニ族(23)の出にして、ある時は野蛮人に対する数多の軍功で、ある時は野蛮人との実り多き交渉で名を馳せた、無敵の聞こえ高き傑物、とのことである。

「おお、かくも偉大なる元首を得る幸運に浴したローマよ、神々の古き母よ、顔を上げ、恥ずべき無気力を振るい落とすのだ。幼少の皇帝らのもとで年老いたお前を若返らせるべく、成熟した元首がやって来たのだぞ」。至高至善のユピテルはかく語り、あらゆる神々が喝采を送ったのです。褒めそやすささやきの声が〔神々の〕集会の場を満たしました。〔運命の女神パルカの〕三姉妹は、高名なるアウィトゥスよ、陛下の帝国のために幸福な日々を紡ぎ、彼女らの素早い紡錘《つむ》は陛下のコンスル就任をもって始まる黄金の時代を織り出したのです。

もちろんシドニウス・アポリナリスはここでも頌辞に必須の枠組みに従っているわけだが、この最後

(23) オーヴェルニュ地方にいたケルト系部族の名、アウィトゥスの生まれたクレルモンはこの地方にある。

の言葉は、どれほど英雄叙事詩の影響が染み込んだものであるとしても、ローマとその帝国の消滅など考えることもできないとこの作者が思っていたことの証拠である。

続く数世紀の間、帝国の力と栄光のイメージをやまず再利用することになる作家や芸術家たちの弄する言辞・意匠を見ていると、そのいずれもがこの現実逃避の作品を支持しているかのように思えてこよう。現実と史実の年代記の範疇を飛び出して、彼ら〔の言辞〕は一種の栄光ある変身を遂げ、時代の変転と歴史の成り行きを経て、ローマ人の国民神話へと変容することになるのである。

五世紀後半の時代にあって、ローマを絶対不可侵の存在とみなしたのがルティリウス・ナマティアヌスとシドニウス・アポリナリスの二人だけでない可能性はきわめて高い。今では失われてしまった書物や写本、何らかの断片を残したであろう他の詩人、大小様々の著述家、あるいは簡単な言及だけを伝える証言者も、〔もし資料が残っていたなら〕おそらくまったく同じ信念を表明していたことだろう。

結局のところ、夢見がちで、ありとあらゆる歪曲と虚構に絶えず傾きがちであるとはいえ、そうしたユートピア的な魅力をもって、キリスト教徒の民衆も君主も、そして「ローマ」教会の教皇たちも（これは偶然のことではない）、不滅のローマという理念の存続を確かなものとすることになる。ローマ帝国にとって新しい時代が始まったのだ。驚異の存在として、輝かしいモデルとして、消えることなくフェニックスのように歴史の灰の中から常によみがえってくるある種の概念として再利用されたことで、ローマ帝国はあらゆる災厄を生き延びることができたのである。

第五章　ローマ帝国からキリスト教帝国へ

第一節　神の国と地上の国が対峙するとき

悲観論に陥り、帝国は滅亡に近づいた、あるいはともかく滅亡は不可避のものだと考えた過去の時代の古代ローマ史家の発言に、少しばかり耳を傾けてみることは重要である。モンテスキューは『法の精神』で、ゲルマニアの地で生まれた「勇敢な諸民族は、暴君と奴隷たちを打ち破るために故郷を後にした」と書いた。言い換えれば、野蛮人は神の御業の発現ということだ。模範的というには程遠く、奴隷に対する残忍さで知られ、大勢の人間の流血を招く、狂ったあるいは無能な皇帝たちによって支配される文明に、時宜よく終止符を打つべくやってくるのが野蛮人だ、と。世界が新たな出発を迎えるためには、そのような文明は消滅したほうが有益なのである。

それから百年のち、エルネスト・ルナンも一八四七年のマルセラン・ベルテロに宛てた興味深い書簡において、同様の考えを示している。「私たちは今や野蛮人を支持しローマ人に反対します。人間性という見地からすれば衰退など少しもしていないのです」。野蛮人は単なる歴史の必要悪であり、彼らはいってみれば事態を先に進めた立役者なのだというのは、穿った見解である。だがモンテスキューもルナンも、実際には聖アウグスティヌスの伝統に連なっているように思われる。知ってのとおり、このヒッポの司教はアラリックによるローマ市劫掠の三年後に『神の国』[1]の執筆に取りかかっている。実際この神学者はこの事件に大いに動揺し、この出来事を題材にして様々な考察とキリスト教徒への教訓を導き出すに至ったのである。

早くも同書の第一巻第一章から、聖アウグスティヌスはこの問題に宗教的な見地から取り組んでいる。野蛮人の流入と帝国の苦難はキリスト教の拡大と異教神殿の廃棄が原因であるとする異教徒の不平に返答するために自分はこの著作の執筆に着手したのだと、アウグスティヌス自身が語っている。だが、実際には、多くの人の命が救われたのは、たとえアリウス派異端を奉じているとしても、キリスト教徒であるこの野蛮人のおかげであったことを彼は指摘している。

かのキリストの名に敵するところのローマ人も、野蛮人がキリストのゆえに容赦したものではないか。殉教者たちの遺跡と使徒たちの聖堂とがこのことの証拠を示しているのであって、それらの場所は、かのローマの略奪のさいに、そこに逃れてくるものを、キリスト者をも異教徒をも迎えいれたのである。ここまで残酷な敵は猛威をふるっていたが、そこでは殺害者の狂暴は抑えられ……このようにして多くのものは難を免れたのであるが、かれらはこんにち、キリストの御代を非難し、かの国がこうむった禍いをキリストに帰しながら、キリストに対する尊敬のゆえにかれらにほどこされ、そのおかげでかれらが生きながらえている恩恵を、わがキリストに帰せずに、かれら自身の幸運に帰している。〔アウグスティヌス『神の国』(一)、服部英次郎訳、岩波文庫、岩波書店、一九八二年、一五〜一六頁〕

アウグスティヌスは『ローマ陥落に関する説教』においてもこのテーマに立ち返ることになる。

神が都ローマに対しお示しになった憐みをこれ以上疑ってはなりません。敵の手によって火が放たれるより先に、多くの住人が難を逃れることを神はお許しになったではありませんか。それで、ご存知のように逃げ惑う人々も、死に直面した人々もただ都から姿を消したのであり、とどまった者たちの間ですら身を隠すことのできた者は数多く、聖所の中に死に対する確かな避難所を見出した者も大勢おりました。だからローマに降りかかった苦難は破滅ではなくローマを回心させるために神が用いた罰なのです〔……〕。この罰がどれほど私たちにとって教訓となることか。この煌々と

(1) 正確には『神の国』の一〜五巻である。

燃える炎を、神を冒瀆する不平不満の口実としてではなく、この世の虚栄のもろさ・はかなさを前にすれば、いかに邪悪な欲望も非難さるべき淫欲も恐れを抱いて永久に消え失せるかを私たちに示す例として、主は用いられたのです［……］。この苦難は、公正な者を浄化・解放するため、かつ不敬虔な者にふさわしい罰を科すために、ローマに降りかかったのです。

アウグスティヌスにとっては、もしローマが多数の市民を救うことができたとすれば、それはキリスト教のおかげであり、『神の国』の全体が、異教と違ってキリスト教こそがローマ文明を守護したのであり、最終的の勝利を収めた宗教として今や自らが主人となる新しいサイクルの中にローマ文明を投げ込んだのだ、ということを証明するために書かれたのである。新しい世界が生まれたのだ。聖アウグスティヌスにとって、その新世界はローマの衰退と滅亡の後にやってくるものではなかった。そのような発想は彼の心に浮かぶことすらなかった。それどころか、キリスト教が支配するこの世界は――聖アウグスティヌスは直観で予期したのだが――ローマの後継者となり、ローマから多くの形式を取り入れることになるのである。

このヒッポの司教は五世紀にあって、時代が変化しつつあること、変革がキリストの指揮のもと成し遂げられつつあったことを真に理解していた人物である。アウグスティヌスはそのすべての兆候を捉えることができたわけではないが、それでも彼にとっては、古い時代が終わりを告げ生まれくる新しい世界に道を譲ったのは明らかであった。そしてこの新世界は、なお命脈を保っている唯一の国家、すなわちローマ帝国の構造の中に入り込んでいくことになる。

実際、キリスト教会は「ロマニテ」を取り込むことで、自らが帝国の象徴的な後継者であることを示すのに成功した。神話におけると同様、多くの領域においても、象徴のもつ力というのはときとして実体よりも強力であり、ローマの存続はキリスト教の補強剤となったこのロマニテのおかげであり、今度は逆にキリスト教がいつの世も消えることのない永続性をロマニテに約束したのである。

第二節　異教的ローマのキリスト教的ローマへの転生

一九六四年、ロベール・フォルツは『シャルルマーニュの皇帝戴冠(2)』において、ローマ帝国とローマ教会の間の移行過程について最も明快な定義を行なった。

---

(2) 邦題は『シャルルマーニュの戴冠』だが、原題 *Le Couronnement impérial de Charlemagne* が示すように、ここで重要なのはシャルルマーニュがフランク人の王（rex）ではなくローマ帝国の皇帝（imperator）として戴冠したことである。

古代の終わりにローマ帝国は家にとっての屋台骨や炉のようなものとして受けとめられていた。だが実際には、人間性の名を独占するに唯一ふさわしいとみなされていたギリシア‐ラテン文明そのものを指していたのだ。この観点においてローマ帝国は普遍的だった。この根本理念を強化・純化させたのが、自らも普遍主義を志向するキリスト教である。この二つの普遍主義は、互いに対立する時代を経たのち、四世紀に帝国と教会の間で結ばれた平和のあとをうけて融合するに至った。ローマ人とキリスト教徒とは今や互いに置換可能な同義語となったのだ。

同じようにこの二つの普遍主義の結託という見解をとったピーター・ブラウンは、その主著の『トガとミトラ――古代末期の世界』[3]（一九九五年）という書名の中でこの結託という現象をうまく要約している。ピーター・ブラウンは一つの時代分析の方向を打ち立てたのである。彼によれば、地中海という内海を中心とする古代世界はローマ支配のもとである程度の同質性を享受していた。この結合は、七世紀にヨーロッパ中央、ビザンツ、イスラムの三者が生まれたときに消滅した。にもかかわらず、ブラウンにとって、ローマは消滅などしていなかった。ローマは溶け込んで見えなくなるほどにこの三つの歴史的統一体の中に入り混じっていったのだという。

五世紀のちょうど半ばごろ、教皇レオ一世もこの点を強く意識しており、レオン・オモの『異教ローマからキリスト教ローマへ』（一九五〇年）においても引用された、『説教集』中に残されたある説教の一節においてこう宣言している。

もし汝が勝利によってその帝国を地と海のかなたにまで広げたのだとしても、戦争の労苦によって汝が屈服させた人の数は、キリストの平和によって達成された人の数には及ばない。ローマ帝国とは神の手に握られた道具だったのです。恩恵を世界のすべてに行き渡らせんとの思し召しだったのです。数多の王国が単一の帝国の下に糾合され、ただ一つの都の権威に服した全民族のもとに伝道が届くように、神はローマの帝国を特別の任に当たらせたのです。

要するに、ローマ帝国という唯一無比の国家のおかげでキリスト教は拡大することができたのだから、神はその帝国の存在を嘉《よみ》されるであろうというのである。

レオ一世はこう続ける。

---

(3)「トガとミトラ」はフランス語版に付されたタイトル。オリジナルは、**P. R. L. Brown**, ***The World of Late Antiquity: AD 150-750***(邦訳:『古代末期の世界——ローマ帝国はなぜキリスト教化したか?』改訂新版、宮島直機訳、刀水書房、二〇〇六年)。

祭司と王の都ローマよ、歓喜せよ。地上の権威をもってかつて汝が行使したよりもなお大きな権威を信仰の助けをもって行使できるよう、ペテロの神聖な座が汝を世界の頭に就かせるのだ。

このような教皇が、ローマの滅亡は成し遂げられたなどと言うはずがなかろう。それどころか彼の思考の中では、ローマは世界を指導し続けるのである。ただしそれはキリスト教を介してであり、ローマはキリスト教の首都なのである。レオン・オモによると、六世紀、グレゴリウス一世は、「教皇をペテロの後継者にすると同時に黄金時代の皇帝の後継者ともするのは帝権である」と主張することになるが、その時のグレゴリウスはレオ一世とまったく同じ態度を示しているのである。

ローマの滅亡は決定的のものだとする立場に与する歴史家の一人マルセル・シモンは、あらゆる要因を取り上げてそう説明しているが、その優れた著書『古代文明とキリスト教』（一九七二年）の末尾では、ローマ‐教会間にはある種の連続性があるという考えを完全に無視することはできなかったらしく、こう述べている。教会は「少なくとも古代文明の根本要素のいくつかは守った」。「教会はラテン文化の遺産の守護者の役目を果たし、かくして野蛮の時代の知的貧困を乗り越え未来の再生へ至る道を用意したのだ」。

一五三九年のヴィレル‐コトゥレ勅令によってフランソワ一世がフランス語を王国の公用語と定めるまで、少なくとも千年にわたってラテン語はフランスで存続してきた。その事実のうちに、ローマ帝国

［図4］ ウィア・サクラ沿いにあるアントニヌスとファウスティナの神殿、ファサード、背後にサン・ロレンツォ・イン・ミランダ教会（フォロ・ロマーノ、ローマ、イタリア）© iStockphoto.com/Heather Shimmin

はともかく、ロマニテのほうは、西ローマ最後の皇帝が廃位されたのちも長きにわたって根強く生命力を保ってきたことのしるしを見てとれないでおれようか。帝国の建築遺産を取り壊すどころか、キリスト教徒は、わけてもローマ市において、古代の神殿の資材、とりわけ円柱を再利用することによって、教会を建てていった。フォルムに目をやって、アントニヌスとファウスティナの神殿の内側に建てられたサン・ロレンツォ・イン・ミランダ教会に思いを巡らすだけで十分わかるだろう〔図4〕。建築家の言葉にならえば、キリスト教徒は「リサイクル〔réemploi〕」をしていたのであり、かつて異教の神々に捧げられた石材をそのようなやり方で用いることに恥や冒瀆の念を抱くことはなかった。彼らは古い建物に新しい命を与えることで、彼ら自身も感嘆の念を抱いたであろうその建築物を生み出した古代文明の後継者となったのである。

第三節　キリスト教徒が継承したロマニテとラテン語

ネロによる反キリスト教の迫害が行なわれていたときにペテロとパウロが死んだ場所、すなわちヴァチカン庭園の地に教皇の座は置かれた。一三〇九〜一四一八年、西方教会の大分裂を招くことになる原因のためにアヴィニョンへの一時的な退避を余儀なくされたときを除いて、教皇庁がローマの地を離れることは二度となかった。

ローマにおいて、教会の最高指導者は「最高神祇官（ポンティフェクス・マクシムス）」の称号も帯びている。これは二千年前に異教神官の長が帯びていたものと同じ称号である。カエサルもこの称号を帯びた者の一人であった。この事実は、かつて帝国全体の首都であったローマの魅力が、キリスト教徒の目からしてもいかに大きなものであったかを物語っている。彼らもこの地に自身の殉教者たちに捧げた多くの墓所を建てたのである。

今日でも復活祭の日には、教皇はサン・ピエトロ広場のロッジアから「ウルビ・エト・オルビ（都と世界に）」との祝福の呼びかけを行なう。このラテン語の定型句にはどこか荘厳で心を動かす響きがある。まるで、昔日のように世界の他の地すべてに号令を下す都といえば、ローマの名を出すまでもなくこの都しかなかったのだと、この言葉だけで伝えんとしているかのようだ。キリスト教徒は異教徒に取って代わったのだ。だが、定型句そのものに変化はなかった。

公的な儀式の際、その身を赤一色で包む枢機卿は、かつてローマの元老院議員を都の他の住人から区別するために用いられていたのと同じ色を採用していることを知っているだろうか。キリスト教の担うところとなったこの種の遺産相続の痕跡は、ローマ帝国のあらゆる記念碑の内に見出すことができる。それらは破壊されたのではなく、むしろキリスト教的な様式をしるしづけられたのだといえる。あるいは、よりわかりやすい例では、ＳＰＱＲという略号、すなわち「元老院とローマの民衆（Senatus populusque Romanus)」という定型句の中にも、ローマ帝国の記念碑を見てとれよう。かつて元老院の出すあらゆる布告にはこの定型句が付されていた。今もマンホールの蓋にまでこの略号が刻印されているのである。だからローマでは、帝国を表わす最も明白なしるしが消えるのではないかということは問題にならない。もはや意味を完全に失った歴史的残滓にすぎないのではないかと言う人はいるだろうが。とにかく、かつて世界を支配したというこの帝国の記憶をイタリアとローマの集合意識が捨て去ることはないであろう。

第四節　ローマ人ムッソリーニ

こうした連続性を示す最近の例として（唯一の例ではないが）最後にムッソリーニ（一八八三〜一九四五年）を挙げよう。このイタリアの独裁者はあらゆる発言の中でローマ帝国の偉大さを取り上げ、自らの権力と征服事業をこれと結びつけようとした。一九二三年の象徴的なローマ進軍は、前四九年のカエサルと麾下の軍隊によるルビコン渡河になぞらえられた。エチオピア植民地化の遠征を成功させたとき、ムッソリーニはリクトルの束桿《そっかん》に伴われて──古代ローマにおいて征服将軍や国家の要人に付き従ったのもこのリクトルである──ヴェネツィア宮のバルコニーから「ローマの丘に帝国が再現されたこと」を称えた。ファシストの歴史家たちも彼を新しいアウグストゥスと誉めそやしたのである。

このようにローマとその普遍性のイメージが存続している例はいくらでも挙げることができる。あたかも都のなかの都は、忘れられることに我慢がならず、絶えず人々の意識の中に戻ってくる存在であるかのようだ。たしかにこうした誇張のためにムッソリーニに空威張りの気があることは否めないし、そう思うのは間違いではない。だがそれでも、西ローマ帝国への言及が二十世紀になっても受容され続けたことに変わりはないのだ。

ファシスト政権によって脱線させられたとはいえ、この遺産はイタリア人を驚かしはしなかったし、隣国の人間たちも驚かなかった。あたかも帝国の習慣、気風、言語が二千年来途切れることなく受け継がれてきたかのように、歴史家たちはここにあまりに自然な連続性を見出していたのである。

第六章　ポスト・ローマ時代のロマニテ

第一節　ローマ文明の永続性

ローマの影響は絶えず私たちの文明に流れ込んできた。それは中世においても途切れることがなかった。教会および行政の言語としてラテン語が用いられ続けたことがその証拠である。諸々の俗語が発展しつつあったときもラテン語は話され続けたのだ。古代の文献、とりわけラテン語のそれは、休むことなく書写され、その写本には立派な装飾が施された。

キリスト教自体が、他にも多く見られたシンクレティズム〔宗教混淆〕の一例として、聖人崇拝を創り出すことによって、ある意味では異教の神々に捧げられた古《いにしえ》の祭儀を温存することに没頭した。

その上、数世紀にわたって野蛮人の侵入と彼らからの侮蔑に悩まされてきた諸家門の間では、幾世代にもわたって、ときとして実体よりも強力な伝説としての意義を付与されたローマの栄光について繰り返し語られてきた。ローマ人とその子孫の数は野蛮人よりもはるかに多く、野蛮人も結局はロマニテに引き寄せられそれに同化していったのだから、なおさらである。結局のところ、野蛮人の王の多くは、古代の文化と断絶していないという以外の主張はしなかったのだ。彼らはラテン語を話し続けたし、ローマの行政と、自らの家臣として登用したローマの貴顕たち、そして元老院に対して忠実であり続けた。彼らの改宗は早かったため、キリスト教を後ろ盾にすることもできた。クローヴィスを例外として、彼らの大部分は西ゴート族に見られるように皆アリウス派の異端だったとしても。それ故、ローマの文化が廃れることはなく、メロヴィング朝、そしてとりわけカロリング朝のフランク王国において存続したのである。

ロマニテ〔存続〕の実例には事欠かないが、とりわけ顕著な実例を最後に挙げよう。中世において、円滑な交易の進展を可能にした交通路および交通網はローマ街道を下地にして発展したのである。今日においてもなお、〔フランスの〕国道七号線がかつてのローマ街道の道筋をなぞっていることを指摘できよう。

第二節　ローマ法

テオドシウス法典の後、六世紀に皇帝ユスティニアヌスの命で編纂された法典はローマ法の領域における大きな前進である。法学の基礎全般を記した『法学提要（*Institutiones*）』、アウグストゥス帝代以来のローマ法学者たちが下した判断や返答を体系的に集成した『学説彙纂（*Digesta* ないし *Pandectae*）』

を公刊することで、この元首は書物という形でローマ法を一つにまとめ上げたのであり、この法典は既に自身の存命中に第二版を重ねることとなった。『新勅法(*Novellae* あるいは *Authenticum*)』、ユスティニアヌス自身が後に発した勅法を指して用いられた名前だが、これをもってこの法典は完成されることになる。この法典は西帝国でも間違いなく適用された。西帝国はいまだ消え去ろうとはせず、五二七年から五六五年まで続いたユスティニアヌスの治世にはラヴェンナにあって、なおもイタリアと北アフリカを領有していた。

このローマ法こそが今日の時代に至るまで私たちの司法文化を形成してきたのである。ローマ法は帝国内に定着した諸民族の用を満たし、中世を通じて参照され続けたし、さらにはルネサンス以後に作り上げられた他のあらゆる法典の模範ともなったのである。かくも模倣されるまでにモデルとして機能したとすれば、それはこの法典がテオドシウス法典よりずっと人間的であり、かつローマ共和政期に布告された十二表法の法と比べればはるかに自由主義的であるからである。

ナポレオンが法学者たちの助けを得て一八〇四年三月二十一日に公布される民法典の作成に取りかかったとき、その模範となったのはまさにユスティニアヌスである。その後には、今度はヨーロッパ各国の多くの法学者たちがナポレオン法典を真似たのであった。

賢明な歴史家であるウージェーヌ・アルベルティーニは、『ローマ帝国』(一九二九年)の結論において、帝国は崩壊したとは思っていたものの、この事実を否定はしなかった。帝国がその権力と法の痕跡を数多く残していることを彼は認めている。

ローマの判例は規範を提供し続けてきた。ローマの法概念は後代の諸法典を支配するあるいは少なくとも影響を与えることを決してやめなかった。その法が直接的にはラテン起源ではない国ですら例外ではない。ローマ法の根本的な法諺の一つが私的所有権の尊重で、これはたとえ公益を理由としても収用権行使の対象とはならない。このように、ローマの記憶と権威は私たちの時代の最も差し迫った問題とも関わっているのである。

第三節　家族およびエリートによる継受

私たちがローマ人に負っている概念がもう一つある。家族である。共和政期および帝政期において、家族には奴隷も含まれていた。だが、私たちが理解しているような形での家庭というものは、現実上の意味においても象徴的な意味においても、ローマ社会全体にその基礎と基盤を持つものである。ローマ社会が家族の形をより強固にしたのであり、これが多かれ少なかれ中世とそれ以後の西洋のあらゆる社会における家族の型となったのである。

大部分はギリシア人から受け継ぎ、ローマのエリートが非常に愛好した教育や文化までもが、家族の枠の中で継承され、キリスト教のおかげで広まったのである。

たしかに、「仲介者としてのローマに対し私たちが負っているものが多いのは明白であり、それはあらゆる領域に及ぶ。それなくして近代ヨーロッパにおける哲学および宗教上の思想は存在しえなかっただろう」、このようにシリル・ベイリーは『ギリシア・ローマの遺産』（一九九二年）の中で述べている。しかしながら、ウージェーヌ・アルベルティーニにならって次のように付け足すことによって、この断定的な主張を和らげておくのが望ましいだろう。すなわち「ローマの教育を十分に受け容れその範にならったのは社会の上流階層、エリートであり、このエリートを介してローマの所産は永遠のものとなったのである」、と。

第四節　科学と文芸、文化と農業

科学的知識に関してはどうだろうか。ルクレティウスが『事物の本性について』の中で説いた原子論は、中世においてはいくらか忘れられていたものの、伝染病への関心が高まるにつれて再び姿を現わすことになる。この哲学者によれば、伝染病とは原子に似た見えない粒のようなものであり、これが感染源の体内で増殖するのである。

紀元後一世紀の大プリニウス『博物誌』と〔小〕セネカ『自然研究』以来受け継がれ、中世およびルネサンスの文化を涵養し、現代においても同じように普及している普遍的な学知の基礎を築いたのは、やはりローマ人である。ローマ帝国がまったくの頽廃期にあったと思われていたときでさえ、こうした学者たちの言うことには耳を傾けるべきである。なぜなら彼らこそ、破壊、戦闘、占領、内乱、そして行政機構の内部さらには権力の頂点で生じていた変化についての証人だからであり、かつ彼ら自身はそれほど深くそうした事柄に関与していなかったからである。いわば、文化を介することで帝国は生き延びたのである。これはすなわち、商人や旅人の利用したルートに沿って東方から西方へと広まったギリシア-ローマ文化のことであり、このルートを介して新宗教〔キリスト教〕はストア主義、エピクロス主義、新プラトン主義といったあらゆる異教ギリシアの思想と出会ったのである。

やはりギリシア由来のものであるローマの医学もこれと関連する。ローマはいわば医学の都であり、数多の医者がこの都に滞在した。ケルススの『医学論』のような彼らの著した論考は中世においても参照され続けたし、大プリニウスが『博物誌』の中で記述した医学的な知見そのものが、いってみれば、今日なお行なわれているような観察と実験に基づく近代医学の礎を築いたのである。

ウェゲティウスは軍事に関する論考の方でむしろ有名だが、彼は獣医学の論考も残しており、これはペトラルカの時代になってもまだ通用していた。ウェゲティウスは「獣医学の父」と呼ばれていなかっただろうか。ここでローマの農業についても一言しておこう。耕作地の区割りや見取り図は、特にイタリアにおいて、古代からほとんど変化していないということを忘れないようにしたい。

私たちの文明が今日なおローマ帝国に負っているものの例を挙げればきりがない。医療制度、診療所、軍隊の病院などもそうである。当然帝国の時代には数が多かったはずで、野蛮人を相手にしていた戦場から運ばれてくる負傷者を収容していたに違いない。数学、天文学、占星術、文学、形而上学やさらには歴史に至るまで、たとえギリシアに多くを負っているとしても、これらすべてはローマがなければおそらく私たちにとってまったく無縁のものだった可能性が高いのである。

たとえば詩を例にとると、『ギリシア・ローマの遺産』中のジョン・ウィリアム・マッケイルによると、オウィディウスの影響力たるや、中世の学校において、「大半はオウィディウス風の二行連句に範をとった出来の悪いラテン詩を大量に書くことから成っていた」下手な詩作法が長らく実践され続けたほどである。同『ギリシア・ローマの遺産』中の一章「言語」を執筆したヘンリー・ブラッドリーは総合的であるとともに印象的なやり方でこう書いている。「ローマの遺産のうち言語学的な部分は、」帝国がその舞台となった大激動に「続く数世紀の時代において、主として三つの貢献から成っていた」。

第一に、ローマ支配の終焉期に話されていた言語は、数多の近代語の基礎となって生き残ったことである。次に、キリスト教の時代の学問語としてのラテン語は、古代ローマから受け継がれ、伝統という経路を経て学校の中で保存されたが、表現の変化に合わせて修正されたり、時には古典の語法を参照して大なり小なりの訂正を加えられたりしながら、何世紀もの間、教養あるヨーロッパ人の共通言語となり、ある程度まで学問の言語におけるその地位をなお保った。最後に、古典文学の中に保存されたラテン語は、近代語が自らの語彙不足を補うために絶えず典拠元にし続けた宝庫であることである。

実際、十九世紀以来、一般選抜試験における仏羅・羅仏の翻訳試験はリセの生徒たちからは常に恐れられているではないか。

第五節　古代末期

これらの例はいずれもローマの力がいかに生き生きとしたものであり続けたかを証明している。西ローマ帝国が後に残したのは廃墟と遺跡ばかりではない。それはヨーロッパの全体に対して、優に二千年近くにわたって、ローマ流の文明観をあらゆる領域において刻印したのである。

「古代末期」と呼び習わされてきた分野における傑出した専門家の一人であるピーター・ブラウンが、

相次ぐ著作、とりわけ『西方キリスト教世界の出現』（一九九七年）において、西ローマ最後の皇帝が公式的には失脚したにもかかわらず、ローマは最も重要な位置を占め続けたという見解を詳述するとき、彼が述べているのもまさに同じことである。死後出版となった『ローマの没落かそれとも古代末期か』（一九七七年）において同じ見地をとったアンリ゠イレーネ・マルーも、同書の中で、古代末期のローマにおいて、キリスト教のエリートと古い諸宗教のエリートとがヴェルトアンシャウウング〔世界観〕、すなわち、私たちが望もうと望むまいとそれに従属し、かつローマが常にその伝達役であったところの、来るべき世界に対する全体像、という見地においていかに隣り合う存在同士だったかを指摘している。マルーが書いているように、「ローマが軍事力を失ってもその誇りをまったく捨てなかったこと」は無駄ではない。「ローマは聖職者と文人の精神の中で生き残った。破局の真っ只中にあって、ローマは、〔教皇〕大レオの口を通して、自らが『聖なる都、祭司の都市、世界の首都』であると宣言した」。

『ローマ人たち』の結論においてベルナール・ランソン(1)が、「ローマはかくも神話と化し、その影響は政治、言語、法といった領域にあまりに流れ込んでいるために、ローマはその姿を変えることで生き残った。すなわち共和政と帝国への残り続ける郷愁、古代文化の生命力、法律上のモデルへと変身したのである」と述べるとき、彼は歴史的事件を越えたところに議論を打ち立てているのである。

(1) ベルナール・ランソンになっているがベルトランの間違い。

第七章　すべての道はローマに通ず

第一節　ゲルマンの神聖ローマ帝国

その後の数世紀の間も、ローマの人々は皇帝を任命するという伝統的な特権を決して放棄しなかった。ランゴバルド族の侵略の際、〔東〕帝国から何の援助も得られなかったローマ元老院は、教皇は帝国と断交し、フランク人のドゥクス(1)〔フランク王国の宮宰〕、カール・マルテルに救援を求めるべしとの文言を伴った布告を発し、教皇の書簡と元老院の決定をカール・マルテルに送った。八〇〇年十二月二十五日にサン・ピエトロ大聖堂に集まったローマの民衆が、教皇レオ三世の手でシャルルマーニュがローマ人の皇帝として戴冠した儀式に立ち会ったのは、彼らの伝統的な権利を理由としてであり、まさに小凱旋式《オウァティオ》の様相を呈していた。(2)『シャルルマーニュの皇帝戴冠』（一九六四年）の中でロベール・フォ

（1）dux Francorum、宮宰（major domus）とも。
（2）ovatio、正式の凱旋式より小規模な、反乱や小規模な戦争に勝利した際に行なわれる凱旋式のこと。

ルツはこう述べている。

まさにこの瞬間、会衆の人だかりのなかから歓呼の叫びが湧き起ったが、その際の文言を『教皇の書』のような王国の年代記が伝えている。「神により冠を受け、偉大にして平和をもたらすローマ人の皇帝、カロルス・アウグストゥスに、生命と勝利あれ」。(3)

この戴冠式を通じてこの皇帝は、自分はローマの歴史を蔑ろになどしないこと、そして自分の目から見れば、今まさに自分が作り上げようとしているゲルマン民族のローマ帝国が西ローマ帝国に直接連なるものであることを示したのである。シャルルマーニュは標章として頭が左を向いたローマの単頭の鷲を採用した。これはあらゆる西ローマ皇帝が自らの権力の象徴として用いたものであり、軍旗に描かれることもあれば、生活の私的・公的両面においても様々に用いられた。

この戴冠についてはピエール・クルセルもまた『文学にあらわれたゲルマン大侵入』(一九四八年)において次のような言葉で解説している。

永遠性のあらたな望みが現われる。ペテロの座のおかげで、蛮族の眼に、とくに勝利に輝くフランク族には、ローマの威光が増大されるのみである。彼らの王が帝国を復活させることを望もうとする時、彼が冠を受けるのは、ローマにおいてである。西方のキリスト教帝国は一蛮人の手に落ちるであろう。しかしこの蛮人その人こそは、帝国を復興し、西方において、万人がローマ的伝統の正統な相続者とみなす一キリスト教徒であろう。〔尚樹啓太郎訳、東海大学出版会、一九七四年、二八九頁〕

レオン・オモの場合は『異教ローマからキリスト教ローマへ』においてこう付け加えている。

さらに後の時代、八七五年の教皇ヨハネス八世による禿頭王シャルルの戴冠の際には、「高貴なる元老院ならびにローマの民衆による同意と票決によりて、我らはこの者を選出し承認する」という公式の文言が用いられたが、こうした文言も、これはあくまで権限の移譲なのだという、帝政草創期以来、〔皇帝という〕個人の権力に表向きの根拠を与えてきた理屈を、再度繰り返すだけのものである。

古代世界は脱皮を終えたわけではなかった。なぜなら、少し前にそうしたのと同様、今やそれは西ロー

（3）仏名シャルル Charles、独名カール Karl のラテン語形カロルス Carolus。

マ帝国と東ローマ帝国に再び分割されたからである。だが、そのようなやり方で西ローマ帝国が再び姿を現わすのを見ても、誰も驚かなかった。それが冗談や言い逃れであるとは誰も思わなかったのだ。たしかにローマは、もはやかつてのような首都ではない。その肩書は今やエクス・ラ・シャペル〔アーヘン〕のものである。そして今や西ローマ帝国は——カロリング帝国と一つになり、八四三年のヴェルダン条約の際にシャルルマーニュの孫たちの間で公平に分割されることになるが——地中海というよりは大陸北方の国々に目を向けていた。それが包含するのはゲルマン諸語を話す諸民族であって、もはやギリシアやイタリア、ガリアの人々ではなかった。

このような移転が最終的に承認されたのは十世紀初めのことだった。ゲルマン民族の神聖ローマ帝国は、自らをカロリング帝国の後継者であると同時に西ローマ帝国の後継者でもあるとみなしたのだ。神聖帝国の紋章においては、単頭の鷲は双頭の鷲になったが、これはそもそもローマ正規軍団のいくつかが旗印に使用していたものだった。これが今や印璽、貨幣、帝国旗に現われるようになった。

同様に、この帝国は、古代のモデルにならって、普遍性を標榜してもいた。帝国の名に「神聖」という形容詞がつくのは、まさにキリスト教の連続性を示すためである。九三六年、エクス・ラ・シャペルでシャルルマーニュが占めたまさにその玉座に登って戴冠したオットー一世が証言したように、帝国はキリスト教の永遠性の保証人だった。二十年後、ハンガリー人〔マジャール人〕との戦いに勝利した際、オットー一世は部下の兵士たちから歓呼を受けたが、その時兵士たちは、示唆的なことに、彼をインペラートルと呼んだ。ローマの正規軍団兵が自らの指揮官を称えるときは、このやり方以外なかったのだ。

この新しいローマ帝国の体制が拠り所としたのは、古代のローマ人にとって大事だったある観念である。すなわちマイエスタス〔Majestas〕であり、ローマ人はこれを栄誉の女神として崇拝し、その姿は彼らの貨幣に刻印されていた。オットー一世の後を継いだ君主たちは、自らがカロリング帝国の皇帝の後継者であると同時にローマのカエサルたちの後継者でもあるとみなすことをためらわなかった。彼らは、帝国はローマ人から直接ドイツ人の手に渡ったのだとすら主張した。こうした主張は、それ自体、中世の全時期を通じてローマとその帝国が存続し続けたことを示唆するものであるが、十六世紀の初めにも皇帝マクシミリアン一世によって確認されることになる。たしかに彼は王であり、ほとんど義務的に教皇によって戴冠されたのだが、「公式の肩書によれば、何より彼は「神によって選ばれたローマ皇帝」だった。たとえ後の皇帝たちは教皇座への敬意から間もなくこの称号を放棄するようになるとしても。最大の例外はカール五世で、彼はこのローマ‐ゲルマン間の連続性を断ち切るつもりなどなかった。同様にラテン語も、十七世紀に至るまで途切れることなく、神聖帝国の国際語・外交語の地位にとどまり続けることになるのである。

ゲルマン民族の神聖ローマ帝国の歴史を書くことは本書の主題ではない。だがそれでも、ゲルマン民族の神聖ローマ帝国、新しいインペリウム・ロマーヌムの体制の核心において、たとえ象徴的なものとはいえ、西ローマ帝国がこうして存続していることに注意を促すことは重要だったのである。この肩書はほぼ千年近くにわたって放棄されなかった。そのため、十五世紀の終わりにフリードリヒ三世はその称号に以下の文句を付け加えたほどだった。Heiliges Römisches Reich Deutscher Nation[4]、すなわち「ドイツ国民の神聖ローマ帝国」と。彼の後継者たちもＳＲＩ、Sacrum Romanum Imperium〔神聖ローマ帝国〕という略号の形でこれを承認することになる。

のちのナポレオンまでもこの虚構を自分の利益となるよう利用することを断固として決心した。一八〇四年十二月二日にフランス人の皇帝として戴冠したナポレオンは、シャルルマーニュの遺産にあやかるつもりだったのだ。そのために、エクス・ラ・シャペルの大聖堂を訪れこの名高いカロリング朝の君主の墓に敬意を表することで、ナポレオンは象徴的かつ歴史的なジェスチャーを実行した。ついに一八〇六年には「ローマ人の王」の称号を放棄せよとの最後通牒をフランツ二世にたたきつけ、この名誉ある称号を自分のためにとっておくことまでしたのである。

『古代世界の終わりと中世の始まり』（一九二七年）において、幾分不満げであるがそれでも認めないわけにはいかなかったらしく、フェルディナン・ロットが述べているように、

中世および近代の皇帝、歴史家、法学者は皆、この帝国が、たとえその首長がゲルマン民族の出だとしても、現に西ローマ帝国の後継者であると、本心から思っていた。そのため、法的な観点からすれば、ローマ帝国に正式の死亡証明書を出したいのなら、フランツ二世がゲルマン民族のローマ

皇帝という称号を放棄し、オーストリア皇帝という称号を採用した、一八〇六年八月六日にまで日付を下らせなければならない。

第二節　東ローマ帝国

ローマとその帝国が存続したことのもう一つの根拠は、東ローマ帝国の体制の中に見出すことができる。東ローマ帝国は〔古代ローマ帝国の〕衣鉢を継ぎ、ビザンツ帝国となって、その伝統、気風、教義が、たしかにギリシア人の影響を受けたとはいえ、ローマ帝国から深甚な影響を受けたもののままであることを、中世を通じ、長らく主張し続けてきた。こうしてローマ帝国は消滅を免れるため、ここ〔東ローマ帝国〕で新たな脱皮を遂げたのである。

レオン・オモが『異教ローマからキリスト教ローマへ』の中で述べているように、「その物質的衰退と自らの使命の永遠性に対する自信の喪失にもかかわらず、ローマは自らの過去の記憶を恭しく保って

(4) 原文だと deutsche になっているが、deutscher の間違いだろう。

きた。帝権のコンスタンティノープルへの移譲にもかかわらず、同地で帝国の根強い伝統は保たれ、ローマ教会も、帝国の理念を我がものとしつつ、その活動を継続していた」。既に五世紀の時点でアクイタニアのプロスペルはかつての世界の首都についてこう述べることになる。「もはや武力によっては所持せぬものを、宗教によって保持している」。

顕著な象徴を挙げよう。四七六年、オドアケルは十五歳のロムルス・アウグストゥルスを廃位すると、失脚したこの哀れな皇帝の持つ皇帝の徽章をコンスタンティノープルに返還し、元老院の同意を得て王の称号を採用した。かくして元老院は店じまいし西ローマ帝国に制度上の終止符を打ったのだった。この事件はローマの終焉をしるしづけるものとして記憶されてきたが、当時東ローマ皇帝だったゼノに対しオドアケルがとったこの簡素なジェスチャーは、このスキリ族出身の野蛮人にとって、そしてキリスト教全体と既知の世界にとって、ゼノはローマ帝国の唯一正統な皇帝を自任することができたことを、したがって西ローマと東ローマの間には連続性があり、ローマは依然としてその象徴的な首都、いってみれば不動の指揮官像であったことを証言している。東ローマ皇帝は、かつての西ローマ皇帝と同様、その肩書の中にインペラートルとカエサルという二つの名を含み、自らの皇帝即位に箔をつけるために西ローマの前任者たちを真似て、軍、民衆、そして元老院からの歓呼を受けた。

オドアケルは〔前任の蛮族指揮官・西ローマ皇帝より〕もっとうまくやった。西ローマ帝国とその白眉たるローマ市とイタリアをともかく尊重したオドアケルは、ロムルス・アウグストゥルスの廃位直後に西ローマのコンスル位を復活させた。皇帝に指名してもらおうなどという意図はまるで持たずに、最も高名な元老院議員にしか許されていなかったこの高官の座を、彼らのうちの十二人に提供した。この時点においてなお、いかなる帝国の法も廃止されなかった。道長官が常にイタリアの統治に当たり、ローマの政務官が税の徴収を続けた。では、ロムルス・アウグストゥルスの廃位をもってその無視しえない象徴とする、かの西ローマ帝国の終焉とは一体どこにあるのだろうか。たしかにローマはいよいよもって明白となった荒廃の状態にあり、野蛮人はためらいなく土地を占拠し奪っていった。だがローマは、言語においても制度においても、今なお死んでなどいなかった。ローマは数々の災難を乗り越えて存続し、その過去の栄光全てに対する誇りを常に誇示していた。

六一〇年[5]、ラヴェンナ総督[6]のエレウテリオスがコンスタンティノープルで[7]皇帝〔ヘラクレイオス〕に反乱を起こし、皇帝位を僭称したとき、彼は自らの権力を正統化するためローマ市へ赴くことを考えた。コンスタンス二世（六四一〜六六八年）は帝国の中心をイタリアへ戻すことを一瞬考えた。七二八年の

（5）原文だと六一〇年だが六一九年の間違いだろう。
（6）エクサルコス（exarkhos）、五八四年に東ローマ帝国がイタリア統治のために設置した役職。
（7）反乱を起こした時点（六一九年）でエレウテリオスは既にラヴェンナ総督としてイタリアへ赴いているはずなので、コンスタンティノープルで反乱を起こしたというのはシュミットの勘違いだろう。

イコノクラスムの危機の際には、イタリアはビザンツに対抗して皇帝を擁立することを考慮してもみた。

東帝国の側でも、帝国の軍は、正規軍団、傭兵、騎兵部隊を備える点でも、戦略と戦術の点でも、その形態においてまさしくローマの軍であった。この軍は、とりわけ野蛮人から身を守るために情勢に順応する術も心得ており、それ以前でも、ハドリアヌスのみならず三世紀の後継者たち皆がかくもたびたびそうしたように、リメス、すなわち国境線に沿って駐屯部隊を配置していった。

東帝国では、高尚な言語、知識人とエリートの言語であるギリシア語がラテン語と比べて特権的な扱いを受けていたとはいえ、西帝国のローマ人の法と慣習は制度の中でも気風の中でも常に存続していた。ローマの文化は、文芸の面におけると同様、科学と建築の面においても、受け継がれ豊かさを増したのである。東ローマ帝国は十九世紀以降というかなり遅い時期になるまでビザンツ帝国とは決して呼ばれなかったし、その住人たちも自らをローマ人とみなしていたのである。

ディオクレティアヌスとテオドシウスの実験の後ついに再統合されたローマ帝国というモデルは、コンスタンティヌスが承認したキリスト教という宗教によって強固なものとなり、中世に生じたあらゆる試練と不測の事態、とりわけ一〇五四年の教会分裂のような事態にもかかわらず、その命脈を保った。

中世の全時期を通じて、後代の人がビザンツ人と呼んだ人々、すなわち東ローマ帝国の臣民たちは自らをローマ帝国の成員とみなしていた。「東帝国」とか「西帝国」とかいった呼称は当時まだ流布していなかった。もはや帝国はコンスタンティノープルを首都とするもの〔東帝国〕一つしかないという段階に至ってなお、彼らは自分たちが新しい時代に入ったという考えには従わなかったし、自らのことを再統合されたローマ帝国に住まうローマ人だと考え続けた。『ビザンツ帝国史』（一九五六年）においてゲオルグ・オストロゴルスキーは、東ローマ帝国によって組み立てられた統合体が何に基づいているのかを一言で要約している。「ローマ的な意味での国家、ギリシア文化、そしてキリスト教信仰、この三者の結合」、と。

この理屈にならえば、メフメト二世率いるオスマン軍による包囲の後、一四五三年五月二十九日に起こったコンスタンティノープル陥落は、中世の終焉のみならず、とりわけ東ローマ帝国の終焉を、さらにはそれに伴って、コンスタンティノープルの君主たちがその継承者たることを自任してきたローマ帝国そのものの終焉をも、しるすことになるだろう。だがこの考え方もまた、歴史家たちからますます激しい攻撃にさらされるようになっている。

ギリシアの地ととりわけその言語にかなり同化したとはいえ、古代ローマの後継者として知られるコンスタンティノープルは、衰えつつある中でも、古代文化全体と特にローマの文化が世界中に広まることを可能にした。そして同市の図書館がその〔文化伝達の〕保証人となったのである――この図書館は、古代ローマ文明の作家、弁論家、歴史家の数多の著作を豊富に収蔵していた点で、計り知れない価値を持つものである。その防壁の崩壊はいってみればこの文化の宝庫を開け放ったのであり、それによってルネサンスの到来において重要な役割を果たすことにもなるのである。たとえ知識人たちが数々の写本と自らの学識を携えて西方を目指して亡命したからであるにすぎないとしても（コンスタンティノープル陥落の前から既に多くの知識人が亡命していた）。後にジュール・ミシュレ（一七九八～一八七四年）がそうした診断を行なう最初の者たちの一人となる。

第三節　ローマのゲニウス

ジュール・ミシュレはこう述べている。

コンスタンティノープルは君主もなく民衆もいない、丸裸で悲嘆に暮れたままに打ち捨てられた。だが、同市を大帝国の首都たらしめる比類なき地位までは奪い取ることができなかった。この土地の持つゲニウスは、時代と運命の浮沈を常に乗り越えるであろう。

土地の持つゲニウス〔特有の精神・気質〕についてのこの考察は、四一〇年のアラリックによる劫掠直後のローマ市にもまったく同じくらいよく当てはまったであろう。神話的な七つの丘に囲まれたその場所は、既にこの都市のなかの都市をいわば比類なきものに、そして同様に不滅のものにしていたのではないか。

アルベール・グルニエが『宗教・思想・芸術におけるローマのゲニウス』(一九二五年)の末尾において賛辞を呈したのもローマ人のゲニウスであったし、その際〔本を閉じるにあたってさえ〕も新しいローマの連続性への扉を閉ざすようなことはしていない。

他のあらゆる民族と同様、ローマ人もその歴史を通じていかなる時も自らの周りにある諸要素を取り入れることで自らの文明を作り上げることをやめなかった〔…〕。かくして、ゆっくりとした進歩、様々な事件の結果、人々の努力によってローマ人の強い個性は構成されている。ローマのゲニウスは徐々に古代世界全体からその最も重要な本質を受け継ぎ、それに新しい形を与えた。近代世界に、少なくとも西洋の世界に、とりわけラテン系の民族に古代の遺産が送り届けられたのは、ローマによって課されたこの形のもとで、なのである。

ラテン語がこの遺産の主要な伝達手段の一つとなった。『ローマ帝国』(一九二九年)の中でウージェーヌ・アルベルティーニはこう記している。「ラテン人はギリシアの遺産の核心にあたるものを自ら用立てるために受け継ぎ、それを彼らに特有のゲニウスと組み合わせることで自らのものとした。彼らのギリシア-ラテンの文化は、その言語とともに、彼らがそれを送り届けた西欧諸国において、そしてロマンス諸語が話されているすべての領域において、帝国滅亡後も存続した。思想と感情の伝達手段であるラテン語の言葉を介して、ローマは、その将来における出現を予想だにしなかったような国々に対して今日でも影響を及ぼしている。ゲルマン系、ケルト系、スラヴ系の言語を話す諸民族に関しては、中世以来、修道院や学校を通して、彼ら自身も同様に同じ伝統に与っているのである」。

したがって、ローマ文化が中世において完全に消滅したとか、ローマ文化を忘却から救ったのは修道院の写字生のみであったろうだとか考えるのは、不正確であろう。アリストテレスの著作は生まれたばかりの西欧の大学においても教授され講釈されていたのである。

歴史というのは、互いに気づくことなくただ継続していくだけの瞬間を次々に切り開いていくだけの、急激なカットシーンの連続からできているのではない。ルネサンスが、ローマ、ロマニテ、グレシテ〔grécité ギリシア文化の遺産〕、ラテン語、そしてとりわけローマ帝国、これらへの言及という付属物を伴って、イタリアに姿を現わしたのだから、コンスタンティノープルの滅亡はまだ起こっていなかったのである。それは写本、たとえばプラトンの著作をほぼ完全な形で持ち帰るためにコンスタンティノープルに渡った、その〔ルネサンスの〕教養人たちのおかげなのだ。

第四節　ルネサンスとギリシア・ローマへの回帰

十五世紀のイタリアと十六世紀のフランスにおけるルネサンスは、ローマへの回帰を、そして、かつてローマにおいて卓越しかつ華々しい政治的具象物であったもの、すなわち共和政と帝国への回帰をも、高らかに示すものだった。忘れ去られ破壊されたものと思われていたローマが――これ自体が既に誤りであったわけだが――、文芸、芸術、神話の領域において力強い復帰を果たしたということができよう。たしかにそこにはギリシアがそのもともとの決定的な重要性をもって結び付いていた。にもかかわらず、その〔ローマの文化がギリシアに大きく影響されたものだという〕記憶は、歴史的には〔ギリシア文化の〕継承者であった古代ローマ世界を悩ませはしなかったし、その〔ローマの〕エリートたちも〔ギリシア文化の〕熱心な崇拝者であった。

建築はゴシック様式を放棄し古代の様式に回帰した。この古代の様式はドリス式ないしコリント式の円柱、私邸のファサードを装飾するつけ柱、入り口や窓の楣《まぐさ》を飾るペディメントによって象徴されるが、これらの装飾はいずれも古代のローマ人が特に好んだものである。十九世紀に新古典主義が生まれるとき、これらに再び出会うことになるが、この新古典主義は、〔こういった建築や様式といった領域においては〕どうあってもその活力と持続性を示すことをやめようとしない、この古代ローマの更なる変身であるように思われる。

何にもましてローマがその姿を現わすのは十六世紀の芸術においてである。当時の城や豪奢な邸宅に配されたタペストリー、像、絵画、さらには大小様々の庭園の装飾品のうちで、数えきれないほどの神話的な主題から借用をしなかったものはない。それはつまり、ルネサンスの芸術家たちは、ローマ帝国が自らの後に残した遺物たる美術品をじっくり眺めるのを好んだということなのである。彼らはその先達たちと同様に裸体表現で知られ、ローマでの発掘作業やベルヴェデーレのアポロンの発見に熱中し、後者を繰り返し模倣した。

ピエール・コルネイユの『オラース』、『シンナ』、『ポリウクト』、『ポンペイウスの死』、『セルトリウス』、『シュレナ』のように、ローマ史にあたることで着想を得ていた十七世紀の我らが〔フランスの〕劇作家たちについては何をいうべきだろうか。これらの観客は、たしかに幅広かったが、大衆的ではなかった。聴衆はラテン語によく通じていたし、ときには自分たちの歴史よりローマの歴史の方に詳しいこともあった。これらの作品の着想元は、序文自体がそう主張しているように、誰の気を害することもなかった。最良の資料から汲み出した歴史的な言及は数多い。『オラース』のストーリーは、ローマが近隣の町々を犠牲にして領土を拡大することを試みていたころを舞台としている。『シンナ』の場合は、ローマが政治体制を変え帝国になろうとしていたアウグストゥス治下を舞台に話は展開する。『ポリウクト』に関しては、ローマ帝国におけるキリスト教の急速な拡大という大激動の時代を背景に筋書きは進み、ポリウクト〔ポリュエウクトス〕はこの新宗教の非妥協的な信者として登場する。
ラテン語とローマの歴史に影響を受けたジャン・ラシーヌは、こうした影響の跡を示すもう一つの事例である。たとえば『ブリタニキュス』はユリウス＝クラウディウス朝期のローマを舞台としており、アグリッピナの獰猛な気性がきわめて印象的である。また『ベレニス』の場合は、話自体が「帝は自らの意に反し、かの女も不本意ながら〔invitus invitam〕」という『ローマ皇帝伝』中の「ティトゥス伝」において スエトニウスが用いている有名な一節に直接由来しているのである(8)。

宮殿だろうと貴族の邸宅の中だろうと、どこへ目を向けるにしても、公的な建築物と同様、私人の邸宅においても、古代の神話に由来する主題は満ち溢れていた。ローマはそこに在ったのであり、その歴史はその文学作品と同様に世人が好んで模倣し感服するところとなった。十七世紀を通じてローマの共和政と帝政は、文芸のみでなく同じくらい絵画と彫刻においても、流行のテーマとなった。この十七世紀とローマとの間にはある種自然な共犯とでもいうべきものがあった。それはおそらくルイ十四世王がほとんどローマ的といってよい尊厳を押しつけたからであり、またこのフランスの君主とローマ皇帝という見本との間には連続性が存在していたからでもある。たとえそれがこの太陽王のもとでローマ皇帝

(8) Berenicen statim ab urbe dimisit invitus invitam.「〔ティトゥスは〕自らの意に反して、不本意なベレニケを都より直ちに追放した。」(スエトニウス「ティトゥス伝」七・二)

の時代と同じくらい絶対的なものとなった権力の形態そのものにおける連続性であるとしても。ヴェルサイユ宮殿のウェヌスの間にあるジャン・ヴァラン作の像はルイ十四世をローマ皇帝の姿で描いたものであり、背面になびかせ留め金でとめられた外套である皇帝のパルダメントゥムと胸甲をまとい、剣と指揮杖を手にしている。アンヴァリッドの北ファサードのペディメントには同王が戦勝将軍インペラートルの出で立《い》ちに馬に乗った姿で現われており、偉大なるルドウィクス[9]〔Ludovicus Magnus〕なる称号を掲げている。アントワーヌ・コワズヴォの手になるカルナヴァレ博物館のルイ十四世の立像に関しては、同様にローマのインペラートルのものである胸甲と脚絆を身に着けて描かれている。最後に、パリのヴィクトワール広場にある最も有名な太陽王の青銅像は、ここでもやはり後ろ足を立たせた馬に乗った姿で、ローマ皇帝の外套を身にまとって描かれている。

ルネサンス以降、ヨーロッパの至る所で作曲家たちは古代の神話に由来する主題に取り組み、たとえばモンテヴェルディはオルフェウスとエウリュディケの物語を翻案した『オルフェオ』をもって、次には『ウリッセの帰還（オデュッセウスの故郷への帰還）』によってオペラというジャンルを開拓したようなものだったが、これらの主題は、たしかにギリシアのものではあるが、ローマの文化に深甚な影響を与えたものなのである。イギリスでは、パーセルが『ディドとエネアス』でウェルギリウスから直接着想を得ている。こうした例は数限りなく挙げていけるだろう。

第五節　ローマ趣味の流行

このローマ趣味、というより古代全般に対する嗜好性は、十六、十七世紀を越えて継続することになった。音楽に関していえばグルックを引き合いに出すだけで十分である。彼の有名な『オルフェオ〔とエウリディーチェ〕』、『アルチェステ』、さらには『トーリードのイフィジェニー』がその古代趣味を見事に例証している。

さらに驚くべきことがある。フランス革命の際にもこのローマ趣味に再び出くわすことになるのである。革命期の主要な演説家たち、有識ブルジョワ階層の弁護者たちは、議会の演壇で、とりわけ国民公会の時期に、言い回し同様に構想もキケロ風のラテン語から逐語的に翻訳されたと思われる演説をぶったのである。都市ローマと共和政への言及は無数にあり、当時、激動のさなかにあったフランスにおいてモデルとしての役割を果たした。

かつてのカロリング朝の君主たちと同様に、ボナパルトがノートルダム大聖堂で教皇の手によって皇

(9) 仏名ルイ Louis、独名ルートヴィヒ Ludwig のラテン語形 Ludovicus。

帝戴冠をしたとしても偶然ではない。同じくらい逸話的なことがある。調度品において、第一帝政期の職人たちはローマ帝国に特有の様式を取り戻すことを試み、それらしい外観を椅子に施したが、それは当時ローマ時代の装飾の規範だと思われていたものから多かれ少なかれ着想を得たものであった。

特にナポレオンの事例は非常に興味深い。彼は一七九三年、古代ローマへの言及を絶えず増殖させてきたフランス革命が終わるころ、[10]自身ローマに憑りつかれていたロベスピエールの弟〔オーギュスタン・ロベスピエール〕の側に立ってトゥーロン攻囲戦に参加すらしていた。ナポレオンが生まれたのは、十八世紀のうちでも「新古典主義」の運動が展開していく時期だったことは忘れないようにしよう。ルイ十四世の死以来、ルネサンス趣味と古代ギリシア・ローマの崇拝者たちの一団は弱体化していたように思われるのにもかかわらず、一般に考えられているように、おそらくヘルクラネウムとポンペイの最初の発掘のおかげであろう、芸術家たちはそれら〔古代趣味、ルネサンス趣味〕を再発見し始めた。当時熱狂的に読まれていた古代ローマの建築家ウィトゥルウィウスがこの新しいルネサンスに無縁でないこともまた事実である。その程度たるや、十九世紀にはルネサンス期に建てられた建造物によく似た建築物で全ヨーロッパが埋められるほどである。たとえば建築家シンケルの手になるベルリンのジェンダルメンマルクトのコンツェルトハウスの建築様式は、それ自体、古典様式で建てられた数多の教会・宮殿の着想元となった。

〔エドメ・〕ブシャルドンのような彫刻家はルイ十五世の騎馬像をローマ皇帝の出《い》で立ちで作ることを

ためらわなかったし、カノーヴァのような彫刻家も、大体のところは新古典主義の影響に幾分背を向けていたものの、それでも『ヘラクレスとリカス』に見られるようにいくつもの彫刻作品においてこの影響に抵抗しなかった。画家たちに至っては、十九世紀末になるまで、アングルの『ユピテルとテティス』のように、神話的なテーマを情熱をもって取りあげ続けた。

同様に、十九世紀に至るまで学校エリートの間ではラテン語が重要な位置を占め続けた。彼らはいつもギリシア語よりラテン語の方をよく学んだのだ。ヴィクトール・ユゴー、アルフレッド・ド・ミュッセ、シャルル=オーギュスタン・サント=ブーヴ、さらにはジャン・ジョレス、こうした人々は皆ラテン詩の一般選抜試験で名を上げた。ローマ史に関していうと、これは二十世紀半ばに至るまで第五学級で教えられていた。

こうした事例の中に見られるローマの力の永続性を作り物とみなすべきではない。むしろ近代人がローマの共和政と帝政の中に並ぶもののない政治的・文化的なモデルを見出す一つのやり方とみなすべきなのである。歴史の有為転変にもかかわらず、ローマの投げかける影はいつの世紀にもつきまとって離れなかったのだ。

---

(10) フランス革命が終わるのは一七九九年では?

十九、二十世紀の詩人、作曲家、劇作家、画家というのは、はなから過去に関心を向けるのに最も乗り気でない人々であり、むしろ新しい形式を創出することに熱心ですらあるが、それでもこの重みを無視することはできなかった。ローマとは世代を越えて受け継がれる夢であり、神話であり、遺産なのである。二千年にわたって絶えず創作家たちの頭から離れなかったその言語と神話は、無尽蔵のもののように思われる。こうした状況のもとで、永久的の衰退や決定的で不可逆の滅亡についてどうして語ることができようか。

私たちは、ときとして自分でもほとんど気づかぬままに、ローマ帝国に依存している。ローマの歴史はおそらく地下水のように今に至っても流れ続けているのであり、地中海の周辺に住まう人々の心の内奥に働きかけている。その重みと優美さを伴ってローマの歴史が再び姿を現わすのには、芸術面でいかにローマに多くを負っているかを見るだけで十分なのである。

ロマニテとは密生した森林のようなもので、道に迷う危険を冒してまで〔ローマを参照した〕実例を次々挙げていくことに熱中しても無駄であろう。ロマニテはかくも私たちの文明に根付いているように思われるし、もはや両者は一体不可分なのである。それに、ローマに言及した実例を現代に至るまですべて検討するには大部な本をもってしても足りないであろう。そのこと自体、このラテン的伝統の浸透の度合いと西洋世界がいかに多くをそれに負っているかを証している。この文化的な基盤の上に一つの文明そっくりそのものが打ち建てられている。それ〔文化的な基盤〕は肥沃なものであり、帝国の滅亡を告げそれを嘆き悲しむことに喜びを見出すのにいつもはやりがちな不幸の予言者たちを尻目に存続してきたのだ。

ラ・フォンテーヌの寓話を介してオウィディウス『変身物語』中の一エピソードから着想を得たグノーのオペラ『フィレモンとボーシス』（一八六〇年）を挙げるだけで十分だ。マスネもまたオペラ作品の着想の大部分を古代の、とりわけローマのレパートリーのなかから得ている。以下の作品を見た方がその点は了解しやすいだろう。一八九四年の『タイス』はアナトール・フランスから着想を得たオペラであり、女神ウェヌスを信奉する異教の女祭司にして遊女である〔タイス〕と共住修道士〔アタナエル〕とのやり取りを軸に話は展開する。一九〇九年の『バッカス』はディオニュソスのローマ名〔バックス〕からタイトルをとっている。さらに一九一四年の『クレオパトラ』はこの有名なエジプトの女王とマルクス・アントニウスとの悲恋を扱っている。

もちろんローマの文化的な基盤とともに、ギリシア神話を参考にすることも多かったことが思い起こされる。観客を喜ばせる目的で再利用されるときを含めて、だが。たとえばトロイア戦争の英雄たちを登場させたオッフェンバックのオペラ・ブッフ『美しきエレーヌ』は、ホメロスが語りウェルギリウスが広めた物語を、まあとっつきやすいといえばそうだろう、滑稽の極みとばかりに翻案した代物である。この公演の成功は、観客もこの主題に通じており楽しむことができたことのしるしである。同オッフェンバックはリブレット作家のリュドヴィック・アレヴィの助けを借りて、『地獄のオルフェ』にも関わることになる。要するに、当時の流行は古代に目を向けていたのであり、この傾向は二十世紀の芸術家たちのもとでも継続することになる。

したがってこれらオペラの主題すべてがローマのものではないとしても、少なくともこれらすべては古代に由来している。ローマはこれらギリシアの伝説の大部分から決して無縁ではなかった。ローマのエリートたちが学業のために常にロドス島やアテナイに旅立っていた限りにおいては。

ジャン・ジロドゥもまたとりわけギリシア人と彼らの神話を高く評価していた。彼の『アンフィトリオン38』と『トロイ戦争は起こらない』がその証拠である。だがその彼もそうした伝説をローマ人から受け継いだことを無視することはできなかった。ローマ人は、彼らが信じていたところによると、トロイア人のアエネアスは、父のアンキセスをその背に背負って陥落するトロイアの炎を逃れ、ラティウムの地に将来のローマの起源となるラウィニウムの町を創建したのだと説かれていたのである。

「すべての道はローマに通ず」と諺は語る。実際、ローマ帝国は長きにわたって世界の中心であり続けた。象徴や神話というまさにこの点においては、それは今日においても該当するのではないか。

第六節　フロイトとローマ

二十世紀を代表する知識人の一人にして精神分析の父たるフロイトは、ウィーンのベルクガッセ一九番地にある自分のアパルトマンに古代ギリシア・ローマの小像を蒐集していた。現在では博物館となっているこの建物の陳列窓越しに今でもその数と意義とを見てとることができる。したがって、フロイトが彼の言う様々な「コンプレックス」のなかでも最も有名なものに、ローマ人なら誰もがよく知っていたギリシア神話の登場人物オイディプスの名を冠したことに、どうして驚くことがあろう。

十九世紀の終わり、フロイトは情熱をもってローマとポンペイを訪れた。ローマ史に関してはその道の通だったフロイトは、ローマ人の宗教や神話の構造に関して数多くの結論をローマ史から引き出すことになるが、それに基づいて彼が分析することになるのが無意識と夢の果たす役割についてである。『夢判断』（一九〇〇年）の中で、ウェルギリウスの『アエネイス』にでてくる「天上の神々の心を靡《なび》かせることができなければ、アケロンを動かそう(11)」とユーノが叫ぶ一節を引用しているとしても、それは偶

(11) 第七歌三一二行（岡道男・高橋宏幸訳、西洋古典叢書、京都大学学術出版会、二〇〇一年、三一六頁）。

然だろうか。実際アエネアスは、自分がローマ市を創建することになる場所へ向かっての旅路を続ける前に、父アンキセスの亡霊に会うために黄泉の国の川を渡るのである。フロイトによれば、アエネアスはあの世にいる父の姿を見ることでかつて夢に見た衝動を思い出し、かくして旅に出ることが可能になる。そしてその旅の終わりに永遠の都が生まれるのである。

フロイトについて扱った著者の一人ロラン・ブリュネが『フロイトとローマ』(二〇一一年)でいうように、フロイトはこのローマという都に夢中だった。フロイトは一九〇一年、一九〇二年、一九〇七年、一九一〇年、一九一二年、一九一三年、一九二三年と幾度にもわたって同市に滞在している。娘のアンナを伴った最後の旅行の際、フロイトは第二次世界大戦の直前に彼の命を奪うことになる癌を既に顎に患っていたが、ロラン・ブリュネ曰く、「フロイトは自分の永遠の都に対する愛を娘に伝授することを願っていた」。

三週間に及ぶ滞在の間、彼らは連れ立って町の中を何時間も何時間も歩き回った。訪れた場所はカピトリヌス丘、パラティヌス丘、パンテオン、ヴァチカン美術館、真実の口、ティヴォリ、エステ家別荘、システィーナ礼拝堂、カンポ・デイ・フィオーリ、ボルゲーゼ美術館と多岐にわたる。二人は疲れなど知らぬといった様子で、フロイトはローマをこれでもかと満喫した……。

フロイトは、いかにこの都が自分の思想にとって不可欠な土台を形作っているかを、すべてがここから生まれ、〔ローマによって〕征服され模倣されあるいは服属させられた数多の文明の合流点にローマがいることを、交通路と軍団兵のおかげで東方から西方まで運搬されてきたあらゆる宗教と数多くの神話という水源からローマのパンテオンは〔祀る神々を〕汲み出していたということを、意識していた。この合流点とるつぼにおいてフロイトは、逍遥のさなかに、その遺跡の背後にいまだ隠れているもの、いわばこの都において邂逅を果たした諸民族、諸国民の夢と無意識の果たした役割の程を推し量ったのである。この精神分析の父がもしロマニテは永久に滅び去ったと考えていたら、はたしてローマとその歴史を前にしてこのような態度を持てたであろうか。それどころかフロイトは滞在する度にロマニテが今なお生き生きとした生命力を保っていることを見出したのである。

ロラン・ブリュネはこう述べている。「ローマで彼の興奮は絶頂に達した。フロイトは古代の諸都市の廃墟の中に人間の精神構造のメタファーを見ていた」。そしてフロイトはローマを精神的な存在に、そこにあっては「生まれてくるものはなにも滅びず、その生育のあらゆる最近の局面は古いもの〔局面〕のすぐ隣で存続していく」、そのようなにかになぞらえていたのである。

私たちは、インドロ・モンタネッリが『ローマの歴史』（一九九六年）の中でとったのと同じ結論をとってよいのではないだろうか。

コンスタンティヌスの時代で首都の座から降りたローマは、なお千年の命脈を保つことになるコンスタンティノープルにその行政組織を委ねた［……］。かくしてローマは、もはや帝国の政治的中心ではないが、キリスト教の指導部中枢として、「カプト・ムンディ（世界の頭）」に返り咲く準備をした。そして宗教改革の時代に至るまでその座にとどまったのである。

最後の部分はこう言い直しても許されるだろう。私たちの生きる現代に至るまでなお世界の頭である、と。

結語　いつかローマは滅亡するのか？

ローマ帝国が衰退していったという点には、古代であれ現代であれいかなる歴史家も異議を唱えることができなかった。とりわけ紀元後三世紀以降、あらゆる出来事がどうあってもローマを否応なく滅亡へと引きずり込んでいったように思われる。

長く続く日照りが帝国の住民たちを襲い、彼らを食糧難、というより飢饉寸前の状態にまで追い込んだ。出生率の低下、とりわけ農村地帯におけるエリート層の消滅の結果として生じたそれは、大土地所有の減少につながった。帝国は農民のなかでも最も貧しい者たちの手に委ねられたが、彼らは自分たちを庇護してくれる存在を見出すことができず、かなりの土地が未耕作のまま放置された。農村地帯の過疎化は悲劇的な現実だった。この最後の二つの要因は経済危機を引き起こしたが、そのことは当時発行された金[1]の含有率の落ち込んだ貨幣を通して判断できる。

街道の安全はもはや保障されず、地中海を通る海路はなお怪しかった。それらはかつてこの広大な領域の端から端まで商品が取り引きされ、人々が行き交うことを可能としていたのに。

ローマ帝国内の各地域ごとの不均衡にもかかわらず長らく連帯を保ってきた社会は、自らの殻に閉じこもるようになり、団結を生み出してきた紐帯を忘れた。軍に徴募されたキリスト教徒たちは皇帝礼拝に反抗的な態度を示し、野蛮人の脅威が差し迫っているというまさにそのときに、反抗とそれに対する弾圧を引き起こした。ローマ軍は、兵員の損失を埋めるために、ローマ人ではなく、かつしばしばスパイとして働くこともある傭兵たちを編入したために、その凝集力を失った。

世界最大の都市、皇帝たちが常にそこに住まってきたローマでその力と権能とを汲み出してきた帝国は、東方とその諸都市に向けての権力の移動が原因で、徐々に分裂しバラバラに砕けていったように思われる。皇帝たち自身、ますますローマ市で生まれることが少なくなり、いってみればローマ市自体もオリエント化し、かつて世界を征服することを可能ならしめた非常に古い己が西方的な伝統を徐々に失っていった。この帝国のレヴァント地方への方向転換が、キリスト教が生まれ拡大していたより東方的な諸地域で生じたとしても偶然ではない。〔キリスト教への〕改宗はこうした地域で数が多かったが、この地は、アッティスとキュベレの崇拝や、あるいは、太陽神ミトラの崇拝に取って代わったソル・インウィクトゥス、「不敗の太陽神」の崇拝を通して、既に霊魂を崇拝する心構えができていたのである。とりわけこの太陽神に捧げる犠牲式は世界の再生を呼び求めるものとされていた。

最後に、三世紀に帝位に就いた皇帝たちは往々にして常軌を逸した、統治能力を欠いた人間たちだった。そして、ディオクレティアヌスによる大胆な政治改革も帝国を立て直すことはできなかった。同帝の創り出したテトラルキアは結局内乱に陥ったからである。この内乱から利益を得たのは結局コンスタンティヌスただ一人であった。だがこのコンスタンティヌスは、コンスタンティノープルと将来の東帝国とを創建しようとの欲求を心中抱いており、いってみれば新しいローマを創り出すために〔古い方の〕ローマはますます不安定な状態のままに打ち捨てておくことになった。そしてこの新しいローマは、その富、儀式、新しい伝統によってオリエント的、ヘレニズム的、あるいはペルシア的な君主政を模倣したために、より奢侈の風の強いものとなった。

この衰退はしばらくの間、帝国の知的な再生によって押しとどめられたが、それはアレクサンドリアや、ローマに奪われていた世界の首都としての役割をしばしの間取り戻したアテナイのような、哲学者たちの蝟集する諸都市の威光のおかげであった。にもかかわらず、旧首都〔ローマ市〕の方も、立ち直ったと思わせるに十分なだけの精力をいまだ保っていた。その住人たちは、彼らの眼から見れば不滅のものである、永遠のローマに対し、常に全幅の信頼を置いていた。

キリスト教が、東方であれ西方であれ、帝国の一体性にとって危険であることを見てとった皇帝ユリアヌスは、団結をもたらす鍵であると本人には思われた異教の再導入を試みた。だが彼の試みは遅きに

(1) 質が落ちたのは金貨ではなく銀貨。

失した。キリスト教はあまりに勢力を増していたのである。皇帝テオドシウスは三七九年[2]にキリスト教を国家宗教と宣言した。

四一〇年のアラリックによるローマ市劫掠は、終わりの始まりであるように思われた。たしかに、ゲルマン人の神聖ローマ帝国の創設が中世の時代を通じてローマ帝国の理念を永続させたと考えることもできるだろう。だが実際のところ、「ローマ」の名は、この新帝国の君主たちの眼からすれば、実態というよりは、威信はあるが象徴的な〔ものにすぎない〕形容句だったのだ。

だが、ローマ帝国に一種の幻影ないし夢の中で生き続けることを可能ならしめた最も肝心な理念は残存していた。普遍性を志向するキリスト教が古代ローマを最も体現している諸々の象徴で自らの身を飾り、それを我がものとし、自らの儀式や礼拝にそれらを統合していった。

たとえローマ帝国が衰退した、あるいは外見上消滅したのだとしても、それはラテン語を介して中世の時代につきまとって離れなかったし、ローマ帝国が生み落した文明を再発見することになるルネサンスの時代もそうだった。そして私たちの時代に至ってなお、ラテン語は、消滅したと思われていた世界がよみがえるのを幾度となく可能にした。

ローマとその帝国は、旅行者、商人、観光客の目からすれば、遺跡というにすぎない。だがそれ〔ローマ〕は、ラテン語が教えられ学ばれている限り、死ぬことはないであろう。この言語こそ、十六世紀に息を吹き返す前から中世の間も生き残り、帝国の記憶を保つことを可能にしてきたのだ。だが今日ではどうだろうか。

この疑問は修辞的なものではない。現代の歴史学者も、さらにはラティニスト〔ラテン語学者〕たちも、この点を考慮に入れてきた。

ラテン語を重視するという否定しがたい潮流が近年来姿を現わしている。そして、「ラテン語」を話すということは、二千年も前にそれを実際に話していた男たち・女たちの生活と歴史について多少なりとも知識があることを明らかに前提にしている。この言語は、その建築上の達成、技術上の偉業、そして文学が私たちを魅了してやまない、古代ローマとローマ帝国へ至る媒体、案内人になりうるのである。

このラテン語教師についても同じことがいえる。十年ほど前にこのラテン語教師は、古典学擁護協会の会議の際、「教育の優先地帯」のいわゆる「難関」地区で自ら教えていたラテン語の長所について、褒めたたえたのである。[3] 授業中、彼は生徒たちが授業に熱中しているのを見てとった。彼らは文法、語尾変化、構文法まで面白がり、それ〔ラテン語〕をよりよく理解するためにこれらを巧みに用いたものである。ラテン語とは彼らにとって社会的上昇を遂げるための並外れた手段なのである。その時彼らが

（2）三七九年ではなく三八〇年。
（3）この「ラテン語教師」とは著者自身のことだろうか？

学んでいたのは、彼ら自身の言語として教えられている言語であり、彼らの周りにいる人のほとんどは理解できない言語だった。彼らは〔この授業を〕大いに誇りに思っていたし、ラテン語こそが精神を陶冶し優れたフランス語を書き話す鍵を自分たちに与えてくれることを理解していたのである。なぜなら今や彼らはフランス語の起源がラテン語にあることを知ったからである。

ラテン語とは再発見するための言語である。それはそれ自体がそのようなものであるからというだけでなく、推論の練習や、それが要求する知性の訓練になるからでもある。ラテン語は私たち自身の言語〔フランス語〕も教えてくれる。あたかも比類のないやり方で知性を研ぎ澄ませることを可能にしてくれる言語的豊かさを、幾世紀を越え、あらゆる国の国境を越えて、そっくりそのまま伝達してきたかのように。ラテン語の学習は私たち自身の会話に意味と論理とを与えてくれる。〔ラテン語の〕語尾変化〔の学習〕を通じて、私たちは私たち自身の言葉をよりよく構築する術を学ぶ。フランス語の構文法はラテン語のそれの論理にならっているからであり、逆にラテン語の構文法を通して私たちはフランス語の、そして「ロマンス諸語」と呼ばれるヨーロッパの諸言語の、精妙さをよりよく理解できるのである。ラテン語を通して哲学や植物学、医学のような、非常に多くの学問領域にアクセスする手段を得ることもまた可能となる。こうした分野の専門用語や定義の実に多くがローマ人の話していた言語と、それから——忘れてはならないことだが——往々にして言語的・文化的な面でラテン語と並んで双璧を成しているギリシア人の言語とから採り入れられているのである。

私たちが知っているような形の国家観、家族観、哲学的・軍事的な理論、そして法概念が、一千年をかけて練り上げられてきたのは、古代、特に古代ローマの時代においてである。とりわけその法典のおかげで私たちは今日でもなおよりよく「共生する〔vivre ensemble〕」ことができるのである。これは近年特に流行の概念でもある。君主政、共和政、帝政、いずれに傾くことになろうと、ローマ人が私たちに彼らの政治理論を伝えたのである。アメリカ合衆国の建国の父たちも、合衆国憲法の起草者たちも、そしてラテンアメリカ諸国の建国者たちも、ローマ法をよく知っていた。ローマとその言語がなければ、生まれくる国家を構築するまさにそのときに彼らはどこからモデルを得たのだろう。

ラテン語を死語とみなし、そのようなものとして扱ったことは誤りであった。今でもなお存命中の国家の四つある公用語の一つであるというのに。すなわち一〇億を超える信者を束ねるヴァチカンである。一九六二年の第二ヴァチカン公会議では、世界中の国々からやって来た枢機卿たちがラテン語で意思を表現し、それで意思疎通ができた。ラテン語は生きた言語として復活したのである。そもそも、ある意味ではラテン語は常に生きた言語であった。フランス語やイタリア語、スペイン語といった世界で話されている多くの言語の起源であるということを考えれば。また、その語彙の七〇パーセント近くがラテン語起源であることが知られている英語のことも忘れないようにしよう。

あたかもいってみれば新たなルネサンスを引き起こす緊急の必要があったかのように、ピエール・ジュデ・ドラコンブは『古代人の未来——ギリシア・ラテンを敢えて読む』という雄弁なタイトルをつけたエッセイにおいてラテン語への呼びかけを行なっている。「敢えて」というのは、ローマに二度目の崩壊などないからである。

だがピエール・ジュデ・ドラコンブはラテン語を弁護した最初の人ではない。最近出版された諸書物がそれを証している。アシミル社(4)の語学入門シリーズは、常套句や退屈さとは縁遠い、ラテン語を学ぶのにうってつけの本やCDの類を長らく出版してきた。ゲオルグ・カペラヌスの『あなたはラテン語を話しますか？　現代ラテン語会話マニュアル』の系譜に連なる本である。

ラティニストと歴史学者は、ローマ帝国が廃墟の中から抜け出ることができたとすればそれはひとえにラテン語のおかげであるということをよく理解していた。ラテン語はその言語とともに想像の世界を、ローマ人の思考方法を運んできた。おかげで私たちはローマ人の制度がどのように機能していたのかを理解することができる。たしかにこのラテン語は中世の間に野蛮人と聖職者によって歪められたものであるが、その本来の純正さと有用性を取り戻すことは容易であった。モンテスキュー『ローマ人盛衰原因論』の名前の伝わらないある注釈者は、一八六九年のこの作品の新版において既にこの点を指摘している。

そう、ローマは今でも生きている。その文学と言語を通して生きているのであり、それらに関する知識は古代の学問に触れるための鍵の一つである。ローマは法制を通しても生きている。〔ローマの法は〕それ以外のかくも多くの法の基礎となり、現代の法であっても、原始的な法的衡平の源の一つとして、ローマ法による鍛え直しを常に必要とするであろう。

言語はいつだって言語なのである。核心はまさにそこにある。ローマ帝国が衰退の後に真の滅亡を迎えるとしたら、それはラテン語の教育が消え去ったときではなかろうか。

しかしながら、ある成功を見た試み、それも二〇〇七年以来毎年行なわれている試みが、文法教員資格者にして古典文学の名誉上級講座教授であるパトリック・ヴォアザンによって進められてきた。彼はキケロ・コンクールを創設したのである（ciceroconcordia.wordpress.com）。このコンクールの目的は、中等教育を受けている生徒のうちの参加希望者（第一、第二、第三学年の[5]）、および〔グランゼコール〕準備学級、大学、ビジネススクール、政策研究所の学生たちに、面白みがないなどとはまったくいえないような、現代的な響きすら持っているようなラテン語テクストを、三時間にわたって解かせることにある（政治、善政、市民権、アイデンティティ問題、表現の自由、寛容などといったテーマを考察したテクス

（4）語学関係の本を出版していることで有名なフランスの出版社。
（5）おそらくリセの生徒だろう。

トが選ばれる）。

「言語の試験」と呼ばれるこのラテン語の翻訳試験に続いて、生徒たちはローマ文化についての試験をさらに一時間受けることになる。二〇一七年に出された問題は、ヘレニズム期のアレクサンドリアとローマ期のアレクサンドリアに関するものだった。これはいってみれば多文化都市の典型例である。採点期間が終わると、当然、各種の賞が授与されることになる。受賞者はローマの歴史、言語、神話を取り扱った著作を腕いっぱいに抱えて帰っていくのだ。

古代ローマに関する多くの書の著者であるパトリック・ヴォアザンは、ギリシア語・ラテン語の授業を完全な形で再開することに再び乗り気になったらしい、文部省の近年の態度の豹変ぶりを知って、そのことに興奮を覚えずにはいられなかったが、同時に古代の言語をどう教えるかという問題に関する議論に加わるよう求められた。

ヴォアザンの始めたコンクールも今日では国際的なものとなり、特に「ヨーロッパと世界各国との間の融和のためのコンクール（Certamen in Concordiam Europae Regionumque Orbis）」という題目のもと、ヨーロッパ規模のものとなった。ラテン語がいかなる資格によってあらゆる国々を結びつける平和的で知的な紐帯となりうるかを私たちが理解するには、この呼称だけで十分であろう。あらゆる民族を、彼らに固有の宗教も含めて、「ローマの平和《パクス・ロマーナ》」の指揮のもと、一つにまとめようというローマ帝国の野望の中になにかしら建設的な要素を見出すことをこれらの国々が望みさえすればよいのである。これは明日のヨーロッパにとって寛容で創意に満ちた統合のモデルではないか。ラテン語はいつだってヨーロッパ諸国民の間で、ほとんどエスペラント語に近いような、統合者としての役割を果たしてきたのである。

キケロ・コンクールは帝国の消失を嘆く幾人かのノスタルジックなラティニストたちのはかない望みではない。同コンクールは毎年ますます多くの同調者を生み出している。このコンクールには将来的な意義があるのだと信じようではないか。

ローマ文明の歴史を、その帝国が偉大にせしめたその姿のままに、後世に伝えかつ延長させることができるのは、唯一ラテン語という言語だけなのである。古代の文化が存続を望めるのはラテン語によってのみである。ローマ帝国は、様々な変容によってその姿を損なわせ、後続たちがあまりに多様にローマの衣鉢を流用するものだから、ラテン語の力によってしか生き残れないのである。

『赤と黒』の中でジュリアン・ソレルは、ラテン語には魔法の力が備わっており、社交界入りを果たしそこで名を上げるための魔法の言葉だと考えた。もちろんスタンダールはこの点を揶揄しているのである。だがそのスタンダール自身もまた一級のラティニストだったのだ。ウェルギリウスの崇拝者であるスタンダールは、『農耕詩』の冒頭部分を訳している。彼の著作のなかでラテン作品への言及は数多い。たとえば『パルムの僧院』に登場するクレリアという人物は、像を捧げられるほどの栄誉に浴したローマ共和政の女傑クロエリアから名前をとっている。ラテン語の中に世界を理解する鍵を見出し、イタリアとローマを愛好したラティニスト、スタンダールを引き合いに出すことは、陳腐なことのように思われよう。たしかにゲーテやシャトーブリアンのような他の多くの作家もローマの田園風景を称えた。だが彼らのうちで、ローマ帝国の文明が集合的な記憶の中で生き延びていくためにラテン語がどれほど重要なものかを、スタンダールほどよく理解していた人物はごくわずかである（おそらく、スタンダールが第二の母語も同然にラテン語を話していたことも理由であろう）。

一九七〇年以降、ラテン語とギリシア語が教えられなくなっていったとき、我々の文化の全面が崩壊するどころか、人類史の基礎にして根源たる部分までもが崩壊の危機に瀕していたことに、当面のところは誰も気づいていなかった。当時の人々が用いていた言語抜きにはそれ〔古代ギリシア・ローマ〕を理解することはできないというのに。

ピエール・グリマルが『ローマ、時代と日々』において、永遠の都を散策する中で、現在のローマと過去のローマの間にさしたる違いを見出さず、両者を融合させることができたのも、彼がラティニストであるからである。

この都が様々な姿をとりながらこの世界に与えてきたもの、それは偉大さと力の感覚であるが、同時に人間性と正義の感覚でもある。ローマは［……］今でもなお人々のつどう場、死すべき定めの人間が神々に出会う場所、調和《コンコルディア》、正義《ユスティティア》、敬虔《ピエタス》といった守護神たちの偉大な力が、少なくとも理念の次元では、働く場所、なのである。永遠のローマによって称えられた人間の卓越した美質、美徳《ウィルトゥス》はまさにこの地に宿っているのだ。

統計調査が証しているように、ラテン語教育の復活はその端緒に就いた。だがこれはどれほど続くだろうか。ラテン語を学ぶことが一つのチャンスであることを理解するには予言者になる必要はない。新しい技術と新しい知の伝達方法とがこの勢いに不利に働きさえしなければ、であるが。ラテン語は豊かで繊細な言語であり、貧弱になるとすればそれは、思想、言葉、意思表明の迅速な伝播の中で急速なコミュニケーションと接触した場合のみである。これは脆い言語である。なぜなら、私たちにはかくも馴染みのものとなった略記や略語といった表記には適していないからだ。ラテン語にはゆったりとしたスペースが必要なのである。

それでは、諦めてローマには第二の死が定められたと結論するしかないのだろうか。答えは未来の時代が出すであろう。だが、ラテン語とラティニテ〔latinité ラテン文芸の遺産〕は今もなお私たちに多くをもたらしてくれるし、今後もきっと長きにわたって私たちの糧となってくれるだろう。

訳者あとがき

本書は、Joël Schmidt, *Le Déclin de l'Empire Romain*, Humensis, Paris, 2018 の翻訳である。著者であるジョエル・シュミットは、一九三七年生まれ、パリのプロテスタント系知識人の家に生まれた。ルネサンス文学の専門家を父に持つシュミットは、若いころから著名な作家のつどう文芸サークルに出入りしていたという。ソルボンヌ大学では歴史学と地理学で学士号を取得し、ジェロームおよびジャンのタロー兄弟を論じた論文で歴史学の高等研究免状をとっている。古代ローマ史について多くの論考を著している一方で、シュミットは作家でもあり、多くの小説を発表しているが、二〇一〇年に *Un cri pour deux* でフランス作家協会文学賞大賞を受賞している。他にも、編集者、文芸批評家、辞典編纂者として活動しており、彼が手がけたラルース社のギリシア・ローマ神話辞典は特に評価が高い（*Dictionnaire de la mythologie grecque et romaine*）。

本書『ローマ帝国の衰退』におけるシュミットの主張は以下のように要約できる。すなわち、ローマ帝国は衰退（decline, déclin）こそしたものの、滅亡（fall, chute）はしていない、なぜならローマ帝国は文明の遺産にその姿を変え、中世・近代を越えて現代にまで生き続けているからである、と。「ロマニテ」、すなわちローマ文明の遺産の永続性と生命力を強調する本書は、いってみれば「ローマ帝国衰亡史」ではなく「ローマ文明継続史」なのである。シュミットの言い分では、古代世界の遺産はキリスト教と融合し、ヨーロッパ文明の基盤となり、今なおヨーロッパの土壌に息づいている。文化的な遺産、ある種の神話と化したローマ帝国は、永遠の生命を約束され、現代のヨーロッパ、特にフランスに受け継がれたのだ。ロマニテと並ぶ本書のもう一つのキーワードが「ラティニテ」であり、こちらはラテン語とその文芸の遺産とを意味している。ラテン語という言語の中にローマ人に特有の個性、本質的な要素は保存されており、ラテン語が用いられているところならどこにでもローマの「帝国」は在る、というのである。このようにラテン語という言語とローマ人の文化・文明とを結びつける思考様式は、シュミットの新奇な発想ではなく、ルネサンス以来の大陸ヨーロッパ的伝統に属するものである。シュミットはまるで、昨今流行の、英語・実用・近代性・インターネット一辺倒のアングロ-グローバリゼーションの潮流に対抗して、ロマニテとラティニテの長い伝統に基づくまた別個のヨーロッパ流普遍主義を打ち立てようとしているかのようだ、といったら穿ちすぎだろうか。特に本書の終わりの方で、ロマニテの遺産が近世・近代のフランス文芸に連なっていることを力説しているあたりは、いかにもローマ人とラテン語の直接の後継者の一人であることを自負するフランスの文化人らしい気概を感じさせる。そのようなある意味きわめてフランス的な視点に貫かれたセンスが、本書の最大の個性であり、最も読みごたえのあるところである。自分たちの伝統と文化を大事にするこうした気質は、私たち日本人も大いに見習うべきではないだろうか。

だが、本書には看過しがたい問題点も多々含まれている。まず単純にミスが多い。カッパドキアのアステリオスやアンティオキアのアエティオスのような比較的マイナーな人物にいたずらに言及を繰り返す一方、三世紀に質の低下した貨幣を銀貨ではなく金貨としていたり、『テオドシウス法典』の編纂をテオドシウス二世ではなくテオドシウス一世の時代のことだとするなど、専門家とは思えないような基礎的なレベルでの間違いが目立つ。単純な事実誤認を別にしても、最近の研究文献ではまず採用されないような説や、そもそも他ではお目にかかったことのないような主張を繰り広げている箇所もある。註のない一般向けの書籍であるため、著者がいかなる根拠に基づいてそうした記述をしているのかを確認することは困難であり、訳者の方では、これはあくまでシュミット個人の見解なのだと割り切ることにし、逐一こうした点を指摘することはやめた。

本書最大の問題点は、読者もお気づきかと思うが、『ローマ帝国の衰退』と銘打っているにもかかわらず、なぜローマ帝国が衰退したのかについての原因やプロセスの説明がないことである。そうした内容を期待して本訳書を手に取った読者は肩透かしをくらった気分かもしれないが、訳者もまったく同感である。皇帝個人の責任や無能さを指摘している箇所もあるにはあるが、これを原因とするなら、コンモドゥスなりガリエヌスなりが現にとった政策について具体的に検討することがやはり必要であろう。また、「野蛮人ローマを救う」と題した節もあるが、野蛮人がローマをどのようにして救ったのかはまったく説明されていない。特に、文明の遺産はともかく、古代ローマ帝国が政治的には衰退したことを著者自身が認めている以上、その点についての記述がないことには違和感を覚えるしかない。なぜこうなるのかというと、おそらく単純に著者はその話をしたくないのである。異教の世界帝国から文化的・宗教的なシンボルに変容を遂げ、ラテン語を介して中世を通じて存続し、ヨーロッパ・フランスの伝統と文化の中に今も生き続けるローマ……。こうした理解に立てば、ギリシア・ローマの古代からキリスト教中世を経て現代のヨーロッパまでの歴史が、一続きのものとして描き出される。ロマニテを主軸とするこの途切れることなき連続的ヨーロッパ文明史に、滅亡や断絶といった語句が割って入る余地はないのである。ただしそれは、好ましくない事実への言及を意図的に省くことによって達成されるのであるが。

本書を見ていると、やはり著者シュミットは現代的な関心に左右されているのではないかという疑問を覚える。はっきりいえば、本書は「EU史観」の書なのではないか、ということである。「EU史観」とは、ヨーロッパ統合という現代の政治的綱領にとって都合の良いように歴史を語り直そうとする傾向・偏りを持つ歴史叙述に対して付されるレッテルである。たとえば、本書の中では、ムッソリーニですらロマニテの連続性を示す証拠として言及されている。だが、ムッソリーニがローマ人としてキャストに載せられる一方で、彼の有名すぎる相方の名前が故意に無視されていることにも読者はすぐに気づくだろう。しかし、この「有名すぎる相方」もまた古代ローマに関して次のような発言をしていたはずである。

とくに歴史を教える場合には、古代の歴史を勉強しなければならない。ローマの歴史の概略を正しく理解することは、現代だけでなくおそらくあらゆる時代のための最良の教師であり、これからもそうでありつづけるだろう。

この部分だけを見れば、この「名前を呼んではいけないあのお方」もまた、十分すぎるほどにローマ帝国の遺産の後継者といえるのではなかろうか（クリストファー・ケリー『1冊でわかる：ローマ帝国』藤井崇訳、南川高志解説、岩波書店、二〇一〇年、一六四～一七一頁参照）。訳者の見る限り、本書の記述はかなりの程度、選択的である。たしかに、残された歴史資料や起こった出来事についてすべてを書くことはできない以上、歴史を叙述する際には、何を語るのかについて選択をしなければならないのは言うまでもない。だが、その選択の仕方が度を超して恣意的である場合、ご都合主義との批判を免れないのではあるまいか。

本書について批判的に言及しておくべき点がもう一つある。キリスト教についてである。本書においてキリスト教はローマ文明の遺産を後世へ伝達するという重要な役目を担っている。これ自体は間違いではない。だが、ローマ帝国とキリスト教の融合の結果について、シュミットは少々楽観的すぎるのではないか。著者自身、本文中で「かつて迫害される側だったキリスト教徒は、今や異教徒とその神殿を攻撃する迫害者となった」と明言している。だが同時に、結語の部分では、ロマニテの遺産が現代を生きる私たちに共生と寛容のモデルを提供してくれると請け合ってもいる。古代ローマの遺産は迫害者と化したキリスト教を媒体として受け継がれたにもかかわらず、である。これは矛盾ではないだろうか。キリスト教を受け容れた後のローマ帝国、「キリスト教ローマ帝国」とは、はっきりいえば、「正統」信仰のキリスト教徒しかローマ人でない国家であり、キリスト教徒のローマ皇帝は「正しい」信仰を維持し広める、あるいは強制することを第一の義務とすることになる。このような国家において「異端」の立場をとることは帝国と皇帝の権威に逆らっているに等しい。こうした考え方をしていると、やがて世俗官憲の権力を動員して異端分子を矯正する、あるいは弾圧し排除することも辞さなくなる。これがいわゆる「キリスト教による迫害 Christian persecution」である。アウグスティヌスもまたこの「キリスト教による迫害」を正当化しようとしていた、というのは有名な話だ。シュミットは、異教に代わってキリスト教がローマ帝国の国家と社会に統一と団結を与えたと述べている。おそらく、後期ローマ帝国時代の教会人やローマ皇帝もそのつもりだったのだろう。だが引き起こした結果は逆だった。キリスト教会は神学論争・教義論争でひたすら内部分裂を繰り返すことで古代から悪名高かったが、ローマ帝国から公認・国教化された後でも同じように教義上複数の立場に分かれて相争っていた。問題は、皇帝専制体制と正統信仰主義が合体してしまった結果、教義論争が権力闘争の色合いを強めたこと、そしてなにより、同じキリスト教徒でも教義上立場を異にする集団に対し強い敵意を示すようになったことである。彼らにとっては魂の救済とローマ帝国の正しき成員としての資格がかかっている分、賭け金はなおはね上がったのである。結果、キリスト教を受け容れた後のローマ帝国は、統一と団結を強めるどころか、宗教上の問題から深刻な内部不和を抱え込むことになってしまった。異教時代のローマ帝国ではこうした事態は一度もみられなかったことは強調してもしすぎることはあるまい。このような社会上の不和と分断は、国内の団結力を損なわせ外敵の侵略に対する抵抗力を弱めることで、帝国を衰亡に導く可能性がある。キリスト教を擁護したいと思っている読者にとっては面白くないかもしれないが、宗教的不寛容を蔓延させることで、帝国内部の凝集力に深刻なダメージを与えたのはキリスト教である、との指摘に説得力があることはやはり否定しがたいであろう。長くなったが本題に戻ろう。はたしてシュミットの言うように、ロマニテの力は「寛容で創意に満ちた統合のモデル」たりうるのだろうか。キリスト教化以前のローマ帝国でも、はたしてどの程度「寛容」だったのかは議論の余地がある。キリスト教ローマ帝国の場合はなおさらである。それとも、共和国フランスの国是、すなわち世俗主義と政教分離の原則に則って、媒体としての役割だけを除いて、キリスト教の伝統をロマニテの遺産から抜きされればよいのだろうか（シュミットの本は明らかにそうは言っていないと思うが）。脱宗教化が自明の前提の現代世界において、宗教集団に余計な発言の機会を与えかねない軽率な言動は慎むべきではないかと訳者は思うのだが。

この本を読んでいると、ルティイリウス・ナマティアヌスやシドニウス・アポリナリスが表明する「永遠のローマ」理念に著者のシュミット自身も憑りつかれているかのような印象を受ける。「永遠のローマ」とは、端的に言うと、ローマはこれまで幾度も危機に直面してきたが、その都度危機を克服し以前にも勝る繁栄を手に入れてきた、これがローマの歴史である、過去ずっとそうだったし、これからもずっとそうだろう、という信念のことである。古代ローマ人はたしかにこの信念を持っていたし、そうした理念を表明するのも別にルティリウスやシドニウスが最初ではない。この二人よりかなり以前からこうした意見は度々表明されてきたのである。こうした考え方は自分たちの生きる社会や世界に対する信念を強化し、自分の生きる人生に意義を見出し自らが奉仕する国家への信頼感を生むのに寄与するだろう。理念が現実から遊離していない限りは。問題は、シュミットも言うように、帝政後期・古代末期のローマ人は、自らが奉じる理念への忠誠を表明することはあっても、それを疑ったり批判したりするような姿勢をまったくといってよいほど見せないことなのである。これは危機感の欠如を意味するのか。それとも、危機感があってもそれを表明することを当時の文化的な規範が許さなかったのか。これは、興味深い、議論の余地ある問題である。だが、古代人はともかく、現代人はどうだろうか。もし現代を生きる人間が、現実に何が起こっていようとも、同じ理想をただひたすら唱えていたら、どうだろう。現代の民主主義社会において、批判的な言論や危機感の表明を妨げるような文化的な規範が何かあるというのだろうか（たとえば、グローバル主義や多文化主義、自由主義経済学のような、現代世界を支配する神学・教義の類、である）。自らが帰属する文化的伝統を大切にし、その未来への希望を表明することは素晴らしいことである。現実の社会で発生している出来事に目を背けない限りは、だが。もし現代の知識人・文化人がご都合主義的なまでに言及する現実の出来事を選り好みするようなら、その人は、末期ローマの文人と同様の「精神錯乱」ないし「現実逃避」に陥っているという、手厳しい結論を採用するしかないのではないだろうか。

この本を見ていると、やはりシュミットは職業的な歴史家というより、本質的には作家・小説家なのだろうと思う。そのため、これから古代ローマ史について勉強しようという学生がこの本を参考にするのは、正直、あまりお勧めできない。だが、近年の西洋社会には、シュミットのような考え方をする人間、そしてそれをもてはやす人間が、やはり一定数いるのである。賛同するかどうかはともかく、それが何を意味するのかについて考えてみる必要はあるのではないか。もし本書を手に取られた読者に何か少しでも得るものがあれば、訳者としては幸いである。最後に白水社編集部の小川弓枝氏に感謝を表明したい。原書の刊行をいち早く訳者に知らせてくれたのは彼女であり、編集・校正の作業でもお世話になった。訳文にいまだ誤りがあるとすれば、それはすべて訳者自身の責任である。

二〇二〇年二月京都にて

西村昌洋

参考文献

Albertini E., *L'Empire romain*, Paris, Puf, « Peuples et civilisations », 1970.

Andrieux M., *Rome*, Paris, Fayard, 1960.

Augustin (saint), *La Cité de Dieu*, livres I-X, éd. L. Moreau, J.-C. Eslin, Paris, Seuil, 1994.〔アウグスティヌス『神の国』全5巻、服部英次郎・藤本雄三訳、岩波文庫、1982年〕

—, *Sermons sur la chute de Rome*, trad. et éd. J.-C. Fredouille, Paris, Institut d'études augustiniennes, 2004.

Brown P., *Genèse de l'Antiquité tardive*, trad. A. Rousselle, Paris, Gallimard, 1983.〔ピーター・ブラウン『古代末期の形成』足立広明訳、慶應義塾大学出版会、2006年〕

—, *La Toge et la Mitre. Le monde de l'Antiquité tardive (150-750 apr. J.-C.)*, trad. C. Monnatte, Paris, Thames & Hudson, 1995.〔ピーター・ブラウン『古代末期の世界――ローマ帝国はなぜキリスト教化したか？』改訂新版、宮島直機訳、刀水書房、2006年〕

—, *L'Essor du christianisme occidental. Triomphe et diversité (200-1000)*, trad. P. Chemla, Paris, Seuil, 1997.

Capellanus G., *Parlez-vous latin? Manuel moderne de conversation latine*, Avignon, Aubanel, 1968.〔カペラーヌス『現代ラテン語会話――カペラーヌス先生の楽しいラテン語会話教室』有川貫太郎・長谷川洋・鈴木繁夫編訳、大学書林、1993年〕

Coudy J., *La Chute de l'Empire romain*, Paris, Julliard, 1967.

Courcelles P., *Histoire littéraire des grandes invasions germaniques*, Paris, Hachette, 1948.〔ピエール・クルセル『文学にあらわれたゲルマン大侵入』尚樹啓太郎訳、東海大学出版会、1974年〕

Desessard C., *Le Latin*, éd. revue et corrigée par C. Guglielmi, Chennevières-sur-Marne, Assimil, 2015.

Finley M.L., Bailey C. (dir.), *L'Héritage de la Grèce et de Rome*, trad. G. Ladjadj-Koenig, préface de P. Grimal, Paris, Robert

Laffont, « Bouquins », 1992.
Folz R., *Le Couronnement impérial de Charlemagne*, Paris, Gallimard, « Trente journées qui ont fait la France », 1964.〔ロベール・フォルツ『シャルルマーニュの戴冠』大島誠編訳、白水社、1986年〕
Folz R., Guillou A., Musset L., Sourdel D., *De l'Antiquité au monde médiéval*, Paris, Puf, « Peuples et civilisations », 1990.
Gibbon E., *Histoire du déclin et de la chute de l'Empire romain*, trad. J. Rémillet, éd. abrégée D.M. Low, Paris, Robert Laffont, « Le Club français du Livre », 1970.〔エドワード・ギボン『ローマ帝国衰亡史』全10巻、中野好夫・朱牟田夏雄・中野好之訳、ちくま学芸文庫、1996年〕
Grenier A., *Le Génie romain dans la religion, la pensée et l'art*, Paris, Albin Michel, « L'évolution de l'humanité », 1969.
Grimal P., *La Civilisation romaine*, Paris, Arthaud, « Les grandes civilisations », 1960.〔ピエール・グリマル『ローマ文明』桐村泰次訳、論創社、2009年〕
—, *Rome, les siècles et les jours*, Paris, Arthaud, 1982.
Homo L., *De la Rome païenne à la Rome chrétienne*, Paris, Robert Laffont, 1950.
Jerphagnon L., *Histoire de la Rome antique. Les armes et les mots*, Paris, Tallandier, 1987.
Judet de La Combe P., *L'Avenir des Anciens. Oser lire les Grecs et les Latins*, Paris, Albin Michel, 2016.
Lançon B., *Les Romains*, Paris, Le Cavalier Bleu, « Idées reçues », 2005.
—, *La Chute de l'Empire romain. Une histoire sans fin*, préface G. Traina, Paris, Perrin, 2017.
Le Bohec Y., *Histoire de la Rome antique*, Paris, Puf, « Que sais-je ? », 2012 ; rééd. 2017.
Marrou H.-I., *Décadence romaine ou Antiquité tardive ? (IIIe-VIe siècle)*, Paris, Seuil, « Points histoire », 1977.
Montanelli I., *Histoire de Rome*, trad. J. Bertrand, Paris, Pocket, 1996.〔モンタネッリ『ローマの歴史』藤沢道郎訳、中公文庫、

1996年〕
Montesquieu C.-L., *Considérations sur les causes de la grandeur des Romains et de leur décadence*, Paris, Flammarion, « GF », 1968.〔モンテスキュー『ローマ人盛衰原因論』田中治男・栗田伸子訳、岩波文庫、1989年〕
Piganiol A., *Histoire de Rome*, Paris, Puf, « Clio », 1962.
—, *L'Empire chrétien*, Paris, Puf, 1972.
Simon M., *La Civilisation de l'Antiquité et le christianisme*, Paris, Arthaud, « Les grandes civilisations », 1972.
Veyne P., *L'Empire gréco-romain*, Paris, Seuil, 2005.
Voisin P., *ÉcolΩ. Écologie et environnement en Grèce et à Rome*, Paris, Les Belles Lettres, « Signets », 2014.
Ward-Perkins B., *La Chute de Rome. La fin d'une civilisation*, trad. F. Joly, Paris, Alma, 2014 ; rééd. Flammarion, « Champs », 2017.〔ブライアン・ウォード=パーキンズ『ローマ帝国の崩壊——文明が終わるということ』南雲泰輔訳、白水社、2014年〕

訳者略歴
西村昌洋（にしむら　まさひろ）
神戸大学文学部卒業，京都大学大学院文学研究科修士課程修了，
京都大学博士（Ph.D.），西洋史学専攻.
現在，龍谷大学非常勤講師.
訳書に，ピーター・サルウェイ編，南川高志監訳『オックスフォード ブリテン諸島の歴史一――ローマ帝国時代のブリテン島』（共訳，慶應義塾大学出版会），ロバート・クナップ『古代ローマの庶民たち』（監訳，白水社），ギイ・アシャール『古代ローマの女性たち』（白水社文庫クセジュ）.

文庫クセジュ　Q 1037
ローマ帝国の衰退

2020年6月20日印刷
2020年7月10日発行

著　者　ジョエル・シュミット
訳　者 ©　西村昌洋
発行者　及川直志
印刷・製本　株式会社平河工業社
発行所　株式会社白水社
東京都千代田区神田小川町 3 の 24
電話 営業部 03（3291）7811 / 編集部 03（3291）7821
振替 00190-5-33228
郵便番号 101-0052
www.hakusuisha.co.jp

乱丁・落丁本は，送料小社負担にてお取り替えいたします.
ISBN978-4-560-51037-7
Printed in Japan

文庫クセジュ

歴史・地理・民族（俗）学

62 ルネサンス
79 ナポレオン
133 十字軍
160 ラテン・アメリカ史
191 ルイ十四世
338 ロシア革命
351 ヨーロッパ文明史
382 海賊
491 アステカ文明
530 森林の歴史
541 アメリカ合衆国の地理
597 ヒマラヤ
636 メジチ家の世紀
648 マヤ文明
664 新しい地理学
665 イスパノアメリカの征服
684 ガリカニスム
689 言語の地理学
713 古代エジプト
719 フランスの民族学
724 バルト三国
760 ヨーロッパの民族学
767 ローマの古代都市
769 中国の外交
790 ベルギー史
810 闘牛への招待
812 ポエニ戦争
813 ヴェルサイユの歴史
816 コルシカ島
819 戦時下のアルザス・ロレーヌ
831 クローヴィス
842 コモロ諸島
856 インディヘニスモ
857 アルジェリア近現代史
858 ガンジーの実像
859 アレクサンドロス大王
861 多文化主義とは何か
865 ヴァイマル共和国
872 アウグストゥスの世紀
876 悪魔の文化史
879 ジョージ王朝時代のイギリス
882 聖王ルイの世紀
883 皇帝ユスティニアヌス
885 古代ローマの日常生活
889 バビロン
890 チェチェン
896 カタルーニャの歴史と文化
898 フランス領ポリネシア
902 ローマの起源
903 石油の歴史
904 カザフスタン
906 フランスの温泉リゾート
913 フランス中世史年表
915 クレオパトラ
918 ジプシー
922 朝鮮史
925 フランス・レジスタンス史
928 ヘレニズム文明
935 カルタゴの歴史

文庫クセジュ

938 チベット
942 アクシオン・フランセーズ
943 大聖堂
945 ハドリアヌス帝
948 ディオクレティアヌスと四帝統治
951 ナポレオン三世
959 ガリレオ
962 100の地点でわかる地政学
964 100語でわかる中国
967 コンスタンティヌス
974 ローマ帝国
979 イタリアの統一
981 古代末期
982 ショアーの歴史
986 ローマ共和政
988 100語でわかる西欧中世
993 ペリクレスの世紀
995 第五共和制
1001 第一次世界大戦
1004 クレタ島
1005 古代ローマの女性たち
1007 文明の交差路としての地中海世界
1010 近東の地政学
1014 『百科全書』
1028 ヨーロッパとゲルマン部族国家

文庫クセジュ

哲学・心理学・宗教

文庫クセジュ

983 児童精神医学
987 ケアの倫理
989 十九世紀フランス哲学
990 レヴィ＝ストロース
992 ポール・リクール
996 セクトの宗教社会学
997 100語でわかるマルクス主義
999 宗教哲学
1000 イエス
1002 美学への手引き
1003 唯物論
1009 レジリエンス
1015 100語でわかる子ども
1018 聖なるもの
1019 ギリシア神話シンボル事典
1020 家族の秘密
1021 解釈学
1022 デカルト
1027 思想家たちの100の名言
1030 サン＝シモンとサン＝シモン主義

文庫クセジュ

自然科学

60 死
110 微生物
165 色彩の秘密
280 生命のリズム
424 心の健康
609 人類生態学
694 外科学の歴史
701 睡眠と夢
761 薬学の歴史
770 海の汚染
794 脳はこころである
795 インフルエンザとは何か
799 放射線医学から画像医学へ
803 エイズ研究の歴史
830 宇宙生物学への招待
844 時間生物学とは何か
869 ロボットの新世紀
878 合成ドラッグ
884 プリオン病とは何か
895 看護職とは何か
912 精神医学の歴史
950 100語でわかるエネルギー
963 バイオバンク
1012 隕石
1013 うつ病
1016 科学の本質と多様性
1024 双極性障害